大相撲の行司と階級色

根間弘海

専修大学出版局

本書を妻・尚子に謹呈する、感謝を込めて。

まえがき

　大相撲では力士が主役で、行司は脇役である。本書はその行司だけに焦点を当てている。行司に関連することだけに光を向けている。相撲と同様に、行司にも長い歴史がある。その長い歴史の中で、行司の世界にもさまざまな変化があった。本書では、テーマをいくつか絞り、どのような変化があったかを具体的に調べている。

　たとえば、行司は現在、階級に応じて房の色も変わるが、房の色は昔から同じだったわけでない。現在、立行司は紫色だが、以前は紫ではなかった。朱色が行司の最高位の色であり、紫は名誉的な色であった。同じ地位の行司でも紫を許される者もいれば、そうでない者もいた。しかも許される時期も決まっていなかった。地位に付随して、紫が許されていたわけではなかった。

　現在は、三役行司は草履を履くが、以前は履かないこともあった。たとえば、昭和2年春場所以降昭和34年11月まで、三役行司は草履を履いていない。明治末期には、三役行司は朱房で草履を履く行司と決まっていた。そのように、時代によって三役行司は草履を履いていたこともあれば、そうでないこともあった。三役行司は歴史的に見れば、草履を常に履いていたわけではないのである。本書では、そういう変化にも光を当てて、細かく調べている。

　このように、行司の世界に入って、何かに光を当てれば、それに歴史的変化の跡が見え隠れする。現在の姿は以前の姿と必ずしも同じではない。そうであるなら、どのような変遷をたどって現在の姿になったのか、また以前の姿はどんな形をしていたのか、などにも関心が向く。それを調べてみると、答えがはっきりわかることもあるし、壁にさえぎられて答えがまったく見えないこともある。答えを求めて追求していけば、何かが得られるという希望がある。行司の世界にはいまだに解明できないことがあるが、

どのようなことが解明できていないのか、本書ではときどき指摘している。私はこれまで行司に関連することを調べ、それを公表してきた。公表したときは正しいと思ったことを書き、同時に未解明な問題点があることもときどき指摘してきた。出版後も研究を重ねていると、正しいと思っていたことが、実は、そうでないことがわかったり、気にしていた問題点が解明できたりしている。本書では、以前に指摘したことを修正したり、新しく解明できたりしたことを書いている。以前の研究テーマや項目を見直し、それに再び光を当てていることが多いので、「再訪」という言葉をテーマや項目に追加している。したがって、以前見たことのあるテーマや項目があることも確かだが、新しい光を当てることで何かが変わっているのである。決して同じことを繰り返しているわけではない。

　本書は8章で構成されていて、各章のテーマは基本的に異なる。それぞれの章でどんなことを扱っているかは、この「まえがき」の末尾に【各章の概要】として簡単にまとめてある。それを読めば、どんなテーマを扱い、どんなことを指摘しようとしているのか、わかるはずだ。興味を抱く章があったら、それを先に読んだほうがよいかもしれない。本書は行司のことを扱っていても、各章の関心事は異なっている。類似の内容を扱っている章もいくつかあるが、指摘したいことはそれぞれ異なっている。

　本書を執筆している段階では、元木村庄之助（29代・33代・35代）と元式守伊之助（40代）にお世話になっている。現役行司では特に式守伊之助（41代）、木村元基（幕内）、木村亮輔（幕下）、木村悟志（幕下）にお世話になった。行司の細かい役割については非常に細かいことまで詳しく教えてもらった。本の執筆をしていたとき、コロナ禍で外出自粛が長く続いていたので、行司さんに直接お会いすることは遠慮せざるを得なかった。その代わり、電話で何回も話し、長時間かかることもしばしばであった。行司さんたちからはそれまで知りえなかったことをたくさん教えていただき、本当にありがたかった。ここに改めて、感謝の意を表しておきたい。

　行司以外で、特にお世話になったのは大相撲談話会の多田真行さんと葛城市相撲館の小池弘悌さんである。多田さんには、執筆がほぼ終了すると、

原稿を添付ファイルで送信し、コメントをいただくようにしていた。思いもよらないミスなどの指摘もあり、本当にありがたかった。いつものことだが、改めて感謝の意を表しておきたい。小池さんには特に大正末期の相撲雑誌でお世話になったが、上位行司の履物や房色の確認などで大いに助かった。以前にも大正期から昭和初期にかけての相撲雑誌でお世話になっている。ここに改めて、感謝の意を表しておきたい。

出版に関しては、これまで同様に、専修大学出版局の編集長・上原伸二さんに大変お世話になった。上原さんにはこれまでも拙著『大相撲行司の松翁と四本柱の四色』と『大相撲の神々と昭和前半の朱房行司』でお世話になっているが、本書の出版でも最初から最後まで面倒を見てもらった。本の出版にはいくつもの段階があり、その都度、親身に相談に乗っていただき、本当にありがたかった。改めて感謝の意を表しておきたい。

次に各章の概要を述べておく。その章で何が書いてあるのかを簡単にわかるかもしれない。実際は、概要以上のことが、本文では書かれている。

【各章の概要】

第1章　大相撲立行司の紫房再訪

これまでの拙著では天明以降、紫房を許されたのは9代木村庄之助が初めてであり、次に許されたのは13代庄之助としてきた。本章では、それが必ずしも正しくなかったことを指摘している。というのは、12代庄之助も許されていたという証拠があるからである。それを裏づける錦絵が新しく見つかった。その錦絵が事実を正しく描いているなら、間違いなく12代庄之助も紫房を許されていた。貴重な証拠となる錦絵は一枚だけだが、証拠になる。また、江戸時代は服制として紫色は禁じられていたので、行司の最高色は「紅」(あるいは「朱」)だったという指摘をする文献がある。それは必ずしも真実ではないと本書では指摘している。『古今相撲大全』(宝暦13年)には行司の吉方兵庫に「紫房」が許されていたという記述がある。

5

江戸時代には、9代庄之助（文政時代）や13代庄之助や8代伊之助（幕末）にも紫房を許されている。もしかすると、大阪相撲の木村玉之助（文化時代）にも許されていたかもしれない。この「紫」には、「総紫」だけでなく、白糸が混じった「紫白」も含まれているが、「紫房」が江戸時代にも使用されていたことは確かである。そうなると、服制に反する「紫房」が行司には許さていたことになる。

第2章　軍配の握り方再訪

　現在でも軍配の握り方は基本的に二通りある。そうすべきだという規則はなく、伝統として受け継がれているというだけである。したがって、守らない行司がいても、罰を受けることはない。その二つの握り方は「陽の構え」と「陰の構え」である。この握り方の起源に関しては、19代伊之助が言い出したとよく指摘されるが、本書ではそれと異なる見方をしている。確かな証拠はないが、少なくとも8代伊之助時代にはそういう伝統があったかもしれないという指摘である。なぜなら20代木村庄之助がすでに入門時に握り方を教わったという記事があり、師匠が8代伊之助だからである。8代伊之助がそういう握り方を始めたのか、それともそれ以前からあったものを受け継いだのかに関しては、不明である。どちらもそれを裏づける資料がない。明治時代になり、木村家と式守家だけになったとき、違いを表す一つの手段として握り方を決めたという見方もできるし、そうではなく式守家を独立した行司家とするために握り方を創造したという見方もできる。それに木村家も同調し、式守家と違う握り方を決めたのかもしれない。いずれが正しいか、それとも二つとも間違っているか、その裏づけとなる証拠はない。握り方の出現が江戸末期までさかのぼらなくても、20代庄之助が入門した頃にはすでに握り方は伝統になっていたに違いない。したがって、19代伊之助時代に始まったというのは事実に反する単なる噂である。

第3章　昭和初期の上位行司再訪

　昭和2年春場所番付に記載された上位行司を何人か取り上げ、その行司がどの地位にあったか、軍配房は何色だったかなどを詳しく調べている。たとえば、式守勘太夫はこの場所、三役行司の一人だったのだろうか。これまでの拙著では勘太夫を三役行司だったとして扱うこともあったが、それは誤りだったことを指摘している。資料を読み直してみると、勘太夫はこの春場所、紅白房に格下げされたが、その翌夏場所、三役行司に昇格していることがわかった。また、昭和2年以降、三役行司は草履を履いていないことも再確認している。当時の取組写真を調べてみても、草履を履いていないのである。多くの文献で、当時も三役行司は草履を履いていたとしているが、それは事実に反する。なぜそういう記述になっているかと言えば、大正末期まで三役行司は草履を履いていたからである。それが昭和2年春以降も続いていたと理解していたかもしれない。実際、草履を履かない三役行司でもよいことをいつ、決めたのかはわからない。本書では、大阪相撲と東京相撲の合併で、力士や行司の順位付けを審査した頃に決めたと推測している。その真偽は、今のところ、不明である。それを裏づける資料が見つからない。

第4章　大相撲の三役行司再訪

　本章では明治以降の三役行司の歴史的変遷を扱っている。明治期から大正期の三役行司と昭和以降の三役行司とはその中身が異なっている。たとえば、明治以降の三役行司は朱房で草履を履いていたが、昭和期になると、34年11月まで房色は確かに朱房だが、草履を履いていない。履いていたという文献が多いが、実態はそうではなかった。もし草履を履いた行司が「三役」だったなら、昭和2年以降その「三役行司」はいなかったことになる。大正末期には草履を履かないのに、「三役行司」だったと自称した行司が何人かいる。たとえば、21代木村庄之助著『ハッケヨイ人生』と19代式

7

守伊之助著『軍配六十年』には、そのような記述がある。それが真実を反映しているのか、吟味しなければならない。大正15年5月番付を見るかぎり、錦太夫（のちの7代与太夫、16代伊之助）は三役行司に昇格している。錦太夫は草履を許されていたはずだ。しかし、勘太夫（のちの21代庄之助）や庄三郎（のちの19代伊之助）は大正末期に「三役行司」になったと語っているが、草履を履いていない。本書では二人とも「三役行司」になっていないとしている。

第5章　行司の役割再訪

　行司の役割がどんなものであるかは拙著だけでなく、相撲を紹介している諸種の本でも扱っていて、特に目新しいものはない。本章では、これまで細かく触れていないようなことにも光を当てている。それが目新しいものである。もちろん、目新しいものではないが、その中身を具体的に記したものもある。扱っているのは、たとえば、戦後の番付書きの担当者やその期間はどうなっているか、平成6年以前の「木戸書記」とは何だったか、平成7年以降の「先発書記」は何をしているか、横綱土俵入りを引くとき、立行司と三役行司はどのような順序になっているか、また横綱の人数によってその順序にどんな違いがあるか、土俵祭係はどんな役割を果たしているか、土俵祭はどんな神事なのか、行司の役割にはどんなものがあるか、などである。扱っているテーマなり項目に関しては、ある程度聞いたこともあるし知識もあるはずだが、具体的な細かいことに関しては意外と疎いこともある。本章を読めば、行司の役割に関する新知識が増えるはずだ。

第6章　課題の探求再訪

　これまで拙著で取り扱ってきたテーマの中には確かな裏づけがなかったものもあったし、資料を活用しているが間違った解釈をしていたものがあったりする。今後、さらに調査をする必要があることを指摘したものもある。本書では、気になっていたものの中からいくつか取り上げ、それをさ

らに深く考えてみることにした。たとえば、副立行司の半々紫白房を示す資料にはどんなものがあるか、立行司の第三席「准立行司」は常に半々紫白房だったのか、幕下以下行司の青房と黒房はいつ出現したのか、相撲部屋の土俵の盛り土に立てる御幣は「八幡幣」ではないのか、千秋楽の役相撲の勝者に行司が「役相撲に叶う」という口上を唱えるが、それはいつから使われているのか、幕下以下行司の黒房と青房の使用には階級によって区分けがあったのか、勘太夫（のちの 21 代庄之助）は大正 15 年春場所、三役行司になったのか、などである。この中にはこれまでと異なる指摘をしているものあるし、まったく新しいことを指摘しているものもある。中には新しい提案もあるが、これまでの提案を再吟味するように願っているものもある。

第 7 章　上位行司の房色再訪（資料 1）

　本章では明治末期から昭和初期までの朱房行司に焦点を当て、番付順に朱房がいつ許されたかを調べている。朱房行司には草履を許された「三役行司」とそうでないものがある。つまり、地位は「幕内」だが、紅白房と朱房の行司がいた。朱房の幕内行司を本書では「幕内上位行司」と呼ぶ。「幕内上位行司」の中に、さらに区分けがあったのかどうかは不明である。つまり、三役行司に近い「三役並み行司」とそうでない下位の朱房行司である。そのような区分があったとしても、それを見分ける基準がまったくわからないので、両者を区分せず、すべて「幕内上位行司」としてある。本書では番付に基づいた順位だけでなく、いつ朱房行司になったかを示してある。拙著でも以前、上位行司の順位や房色の変更年月を詳しく取り上げたことがあるが、本書ではそれを再吟味し、房色の授与年月を何人か修正してある。朱房行司になった年月がわかれば、行司歴がより明確になることがある。たとえば、21 代庄之助は自伝『ハッケヨイ人生』や 19 代伊之助の自伝『軍配六十年』の中で、「三役になり、朱房になった」という趣旨のことを語っているが、同じ意味で「三役行司」を使っているのか、また朱房を許された年月を正しく語っているのかなど、これまでと違う視点

で捉えることができる。

第8章　順位の入れ替え再訪（資料2）

　行司は入門順に出世するとよく言われる。それはある一面、正しいが、ある一面、正しくないこともある。何事もなければ、入門順に一枚ずつ昇進していくが、何かあれば、順位が一枚上下したり、抜擢で何枚か上位に昇進したりすることもある。抜擢があれば、飛び越された分だけ降下したことになる。本章では昭和20年以降、行司間でどのような順位の入れ替えがあったかを調べている。その入れ替えは番付表で確認することができる。入れ替えが頻繁に行われた時期もあるし、そうでない時期もある。それには時代的背景や成績評価の基準が異なっていることが反映していることもある。特に下位力士の場合は、入れ替えが頻繁にあり、その理由もさまざまである。休場していないのにもかかわらず、順位の入れ替えがある場合は、黒星数が多かったり、全般の成績評価が低かったりすることが多い。しかし、特に昭和30年代初期までは、休場届を出さず、黙って部屋からドロンし、また戻るということなどもあり、その取扱いが順位に影響することもあった。順位入れ替えの要因を調べようとしても、実は、その記録がほとんど見当たらない。記録そのものがあるのか、ないのかさえもわからない。そういうことで、順位入れ替えの事実は番付で確認できても、その理由がわからないものもがたくさんある。本章で示した入れ替えの理由は、基本的に、3名の元立行司（29代・33代・35代庄之助）に教えてもらったものである。

　なお、紅白房行司と朱房行司について記しておきたいことがある。

　草履を許されていた朱房は「三役行司」だったが、その下は「幕内行司」だった。現在の幕内行司（紅白房）と三役行司（朱房）は昭和2年以降に定まったもので、それまでとは少し異なる。以前は、幕内行司の中に朱房と紅白房があった。これを明確に意識していないと、本書を理解するのに

混乱が生じる恐れがある。本書では草履を履けない朱房の幕内行司を「幕内上位行司」あるいは「幕内朱房行司」、紅白房の幕内行司を「幕内下位行司」あるいは「幕内紅白房行司」などと呼んでいる。以前は十両行司を「格足袋」、幕内行司を「本足袋」と呼んでいたが、現在はその用語を使用していない。そのため、現在に合わせて、それぞれに特別な名称を使用している。

　単に「幕内行司」と記述すると、その房色が朱だったのか、紅白だったのか、判別できないおそれがある。もちろん、使用されている時代的背景を考慮すれば、どの房色なのかはすぐわかるが、現在の「幕内行司」と間違って理解すると、紅白房だけになってしまう。そのため、本書では「幕内上位行司」、「幕内朱房行司」、「幕内下位行司」、「幕内紅白房行司」などが頻繁に使用されている。房色の識別に誤解が生じないように、これらの名称についても繰り返し説明している。

　要は、昭和以前には「幕内行司」の中に草履を履かない朱房と紅白房がいたことを理解していればよい。その名称はそれを区別するだけに使用してあるので、名称にこだわる必要はない。実際、本書ではときどき別の名称があることも指摘している。

目　次

第6章　課題の探求再訪 161

第7章　上位行司の番付再訪（資料1）191

第 8 章　順位の入れ替え再訪（資料 2）213

第1章　大相撲立行司の紫房再訪

1.　本章の目的[1]

　立行司の紫房についてはこれまでもいくつかの異なる視点で調べ、拙著の中で公表してきた[2]。ときには未解決な課題があることも指摘した。本章でもまた、異なる視点からその紫色を調べ、新しい知見を提示している。テーマが同じ「紫房」であるため、内容がしばしば重複することがある。以前問題になっていたことを解決したり、以前気がつかなかったことを新

---

1)　本章は執筆の段階で大相撲談話会の多田真行さんから貴重なコメントをいただいた。多田さんは行司や房色などにも精通しており、本章以外でもときどきお世話になっている。また、40代式守伊之助と江戸時代の紫房を語り合っていたとき、12代木村庄之助が紫房で描かれている錦絵があることを知った。お二人に改めて感謝の意を表しておきたい。

2)　江戸時代の最高位の行司を立行司と呼ぶことはなかったはずだが、本章では便宜上、立行司という呼称を使っている。立行司という呼称は明治28年の新聞記事（『読売新聞』の「西ノ海・鳳凰の勝負に付き大紛議」〈明治28年6月13日〉）でも見ているが、それ以前から使われていたのかはっきりしない。『東京朝日新聞』（明治38年2月6日）の「角觝見聞録（9日目）―竪行司瀬平死す」に「（前略）15代の庄之助が竪行司になる時」という表現があることから、明治18年頃にはすでに使われていたかもしれない。当時（明治18年頃）、使われていなかったが、のちの時代（新聞発行年）に合わせて使われていないかどうか、吟味する必要がある。これに似たような事例に、たとえば16代木村庄之助が明治6年に改正組で「立行司」として務めていたという新聞記事がある。『東京日日新聞』（明治45年1月15日）の「明治相撲史〈木村庄之助一代〉」に「明治6年例の高砂浦五郎が（中略）改正組を組織した時、この組合に加わって立行司となる間には（後略）」とある。明治6年には、「立行司」という言葉が使われていただろうか。いずれにしても、江戸時代の文献ではその言葉（立行司）を見た記憶がないが、たまたま見ていないだけかもしれない。

しく指摘したりしている。

　本章の目的は、9代木村庄之助から15代木村庄之助のうち、どの木村庄之助が紫房を許されたか、それはいつ頃だったかを調べることにある。木村庄之助の紫房に焦点を当てているが、ときには伊之助の紫房についても触れている。

　本章で具体的に指摘するのは、主として、次の点である。

（1）　9代庄之助に続いて、12代庄之助も紫房を許されていた[4]。これまでは9代庄之助の紫房の次には、13代庄之助に紫房が許されたとしてきたが、実は12代庄之助にも許されていた可能性があることがわかった。それを裏づける錦絵が見つかったのである[5]。

（2）　13代庄之助に紫房が許されたことは錦絵でも文字資料でも確認されているが、それが「紫白房」なのか「准紫房」なのかを巡っては意見が分かれる。「准紫房」だったとしても、最初は「紫白房」だったに違いない。本章では、13代庄之助は「准紫房」をずっと使用していなかったと改めて主張する。

（3）　初代から5代伊之助までは紫白房を許されていない。紫白房を初めて許されたのは6代伊之助である。それも横綱土俵入りを引くときだけである。それ以外は朱房を使っている。そのため、錦絵では朱房と紫房が描かれている。横綱土俵入りのときの紫房は「黙許」だったかもしれない。

3）　行司の代数は『大相撲人物大事典』（ベースボール・マガジン社、2001）の「行司の代々」（pp.685-706）に基づく。

4）　本章ではしばしば、木村庄之助を庄之助、式守伊之助を伊之助と簡略化して表す。

5）　拙著でもこれまで12代庄之助の紫白房にはまったく触れたことがない。文字資料や錦絵で紫房を確認できなかったからである。

(4)　14 代木村庄之助の「紫白房」は明治 15 年 7 月付の「御請書」に従い、明治 16 年 1 月場所からだとしている。14 代庄之助は明治 14 年 1 月に首席になったが、それまで首席の 6 代伊之助と同様に「朱房」だった。しかし、明治 15 年 7 月以前でも、またその後でも、錦絵では朱房と紫房で描かれていて、どれが事実に即しているのか判断が難しい。

(5)　15 代木村庄之助の「准紫房」は明治 30 年 2 月に授与されたと指摘されることがある。正式にはそのとおりに違いないが、15 代庄之助はおそらく、横綱西ノ海が誕生した明治 23 年 5 月から黙許で「准紫房」を使用している。その後も横綱土俵入りだけでなく、常時「准紫房」を使用していたが、明治 30 年 2 月に正式に吉田司家より許されている。また、拙著ではこれまで 15 代庄之助に紫白房を許されたのは明治 20 年としていたが、改めて 19 年であることも指摘する。19 年に描かれた錦絵があり、その中で庄之助の房が紫色で描かれている。

(6)　江戸時代、紫色は「禁色」だったので、最高位の行司でも「朱房」しか許されなかったとよく指摘されることがある。ところが、『古今相撲大全』（宝暦 13 年）には行司の吉方兵庫や文化期の木村玉之助にも「紫房」が許されているし、文政期の 9 代庄之助、弘化期から嘉永期の 12 代庄之助、嘉永以降の 13 代庄之助にも「紫白房」が許されている。なぜだろうか。本章では問題を提起する。

　なお、紫房については主に次の拙著でも扱っている。

(1)　『大相撲行司の伝統と変化』の第 4 章「明治 43 年以前の紫房は紫白だった」と第 9 章「明治 30 年以降の番付と房の色」
(2)　『大相撲行司の房色と賞罰』の第 2 章「軍配の房色」と第 3 章「明治の立行司の紫房」
(3)　『大相撲立行司の軍配と空位』の第 1 章「紫房の異種」、第 2 章「准立行司と半々紫白」、それに第 3 章「文字資料と錦絵」

（4）『大相撲立行司の名跡と総紫房』の第1章「紫白房と准紫房」、第2章「錦絵と紫房」、それに第3章「総紫の出現」

　次の拙著では紫房に関する簡単な解説がある。

（1）『大相撲行司の世界』の「行司の装束と持ち物」
（2）『詳しくなる大相撲』の「話題12　現在は存在しない半々紫白の房色」

　本章では木村庄之助の紫房について焦点を当てているが、実は、その軍配房についてはこれらの拙著の中でかなり扱っている。そのため、本章ではすでに発表したことをあまり繰り返していない。たとえば、紫房には厳密には総紫、准紫、（真）紫白、半々紫白があるが、拙著の中でそれについては繰り返し言及している。[6] 細かく分類しないときは、すべてを「紫房」として扱う。本章では、紫房の異種（つまり4種類）について詳しく説明することはない。

2.　12代木村庄之助の紫房

　これまで紫房を許された木村庄之助は9代が初めてだと指摘してきた。

---

6)　本章では、実際は、准紫と紫白の二種だけが重要である。総紫は正式には明治43年5月以降に出現しているし、半々紫白もおそらく明治末期から大正期にかけて出現しているからである。15代庄之助までは准紫しか許されていない。16代木村庄之助も「准紫」を許されていたが、明治43年5月から「総紫」になった。実際は、42年頃にも総紫を使用していたかもしれない。文献の中には15代庄之助に「総紫」が許されたと記述してあるが、それは白糸が2, 3本混じった「准紫」の間違いである。明治時代の新聞では13代庄之助にも「准紫」が許されたという記事がときおり見られるが、本章ではそれを否定している。江戸時代に准紫を許されたとする文字資料はまだ見つかっていない。なお、錦絵では紫房の異種を見分けることはできない。どの異種の紫房であっても、同じ「紫色」に見えるからである。

その紫房は『角觝詳説活金剛伝』（文政 11 年〈1828〉）で確認できた。それには「団扇紫打交之紐」という記述がある。それは、おそらく、紫糸と「白糸」が混じった「紫白房」に違いない。その後、紫と「白」以外の別の色を混ぜた軍配房は見当たらないからである。『角觝詳説活金剛伝』以前に「紫白房」を許された立行司は見つかっていないことから、9 代庄之助が最初に紫白房を許された庄之助となる。しかし、その紫白房が写本出版の文政 11 年に授与されたのか、それ以前に許されていたのか、正確な年月は不明である。[7]

　これまで、9 代庄之助の次に「紫房」を許されたのは 13 代庄之助だとされている。拙著でもそのように指摘してきた。ところが、それは正しくないことがわかった。12 代庄之助が登場する錦絵があり、軍配房が「紫」で描かれているのである。[8]

---

7)　写本の執筆より前に紫白房は許されていたはずで、出版前に許されていたことは確かである。許された年月の確認はまだできていない。錦絵の年月を確認できれば、その頃の本場所がいつ行われていたかをある程度確認できるが、錦絵そのものがかなり少ない。参考までに記しておくと、紫と緋（朱または紅）を混ぜた房のことが大橋新太郎編『相撲と芝居』（博文館、明治 33 年、p.43）に書いてある。これが真実であれば、紫白以外にも「紫朱房」があったことになる。「紫朱房」は「紫白房」の誤記ではないかと思い、そのような房をこれまで認めてこなかったし、今でも認めていない。しかし、その真偽は検討する必要があるかもしれない。なお、本章では朱房のことを「緋房」または「紅房」と表すこともある。以前は「房」を「総」と表すこともあったので、引用でも元の「総」を「房」に変えてあることもある。

8)　この錦絵は弘化 4 年（1847）から嘉永 3 年（1850）となっている。描かれた正確な年月はまだ特定できていない。錦絵「秀ノ山雷五郎横綱土俵入之図」（三代豊国画）が二つあり（『大相撲錦絵』、pp.106-7）、そのうちの一つには木村庄之助は朱で描かれている（「秀ノ山」となっている）。もう一つには式守伊之助（5 代）が朱で描かれている。秀ノ山は弘化 2 年 9 月に横綱になっているので、錦絵「秀の山と剣山の取組」はそれより後に描かれているに違いない。朱房から紫房になるのが自然だからである。描かれた正確な年月は不明だが、この錦絵で重要なことは、12 代木村庄之助が紫で描かれているということである。錦絵の紫房は使いすぎた朱房が変化したすたれた黒みの色というより、新しい房の薄紫色である。

・秀の山と剣山の取組を描いた錦絵、豊国（三代）画、行司・木村庄之助。相撲博物館編『大相撲錦絵』（p.158、徳間書店、2017 年）。

　錦絵では「秀の山」となっている。房色の「紫」は、実際は、紫白房に違いない。最初は、紫白房が許されるからである。江戸時代は最初から「准紫房」を許すことはなかった。「准紫房」が授与されたのは、明治 20 年代に入ってからである。⁹⁾ここで問題になるのは、12 代庄之助の「紫房」は本当に許されたかどうかである。それを保証する裏づけは、今のところ、この錦絵一枚しかない。他の錦絵もないし、文字資料もない。裏づける証拠としては甚だ心細いが、この紫房は真実を正しく描いていると判断している。¹⁰⁾

　状況証拠から推測すれば、この「紫房」は事実を正しく反映しているに違いない。というのは、当時、「紫」を軽々しく使うことはなかったはずだからである。絵師はそのことをよく認識していたはずだ。「紫」以外に、「朱房」があったことは十分認識していたのに、わざわざ「紫」で描いているのである。

　さらに、12 代庄之助は当時、常に「紫白房」を使用していたに違いない。

　　朱のすたれた色でなければ、紫として判断するのが自然である。

9)　具体的には、西ノ海が横綱になってからである。横綱推挙は明治 23 年 3 月だが、本場所は 5 月である。横綱土俵入りで「准紫」を使用しているが、それは正式な手続きではなく、黙許となっている。黙許ではあるが、協会と吉田司家とのあいだでは何らかの交渉があったに違いない。明治 23 年 5 月頃の新聞記事に「准紫」を横綱土俵入りで使用したことは見られる。

10)　もしこの錦絵の木村庄之助（12 代）の紫が事実に反して描かれているとすると、もちろん、事実は朱であることになる。したがって、12 代庄之助は紫を許されていないことになる。錦絵にしろ、文字資料にしろ、紫房を裏づける証拠が他にも欲しいところだ。12 代庄之助は嘉永 6 年 2 月に引退している。嘉永 3 年から 6 年 2 月のあいだに描かれた錦絵が見つかり、それに木村庄之助が朱であれば、紫房は引退するまで許されていなかったことになるはずだ。本章では、そういうことにはならないという立場である。

というのは、この錦絵は「取組」を描いているからである。横綱土俵入り
を描いてあるならば、その土俵入りを引くときだけの特別許可だったと見
なすこともできる。9 代庄之助も取組を描いた錦絵があり、紫白房を常に
使用していたことがわかる。12 代庄之助もそれと同じである。

　12 代庄之助の紫白房で問題になりそうなのは、その色を確認できる他
の錦絵や文字資料が見つかっていないことである。これは確かに弱点であ
る。12 代庄之助の軍配を描いた錦絵が他に見つかり、房色が紫であれば、
本章の判断が正しいことを保証する助けとなる。その期待に反して、「朱房」
で描かれた錦絵が見つかったらどう解釈するのか。その場合は、なぜ「紫
房」で描かれた錦絵があるのか、改めて問い直さなければならない。今の
ところ、12 代庄之助は紫白房を許されていたと結論づけておく。[11]

3.　13 代木村庄之助と 8 代式守伊之助の紫房

　13 代庄之助の紫房は元治元年冬場所の頃に許されていることは拙著の
中でも指摘している。その紫房が許された正確な年月は必ずしも明白でな
いが、その頃に許されたことは確かだ。最初は紫房なので、厳密には「紫
白房」である。これは、次の新聞記事でも確認できる。

・『東京日日新聞』の「相撲だより〈相撲行司の軍配〉」(明治 32 年 5

---

11)　12 代庄之助は弘化 2 年 2 月から嘉永 6 年 2 月まで約 10 年間も立行司を務めて
　　いるので、錦絵が見つかる可能性はある。私がその錦絵を見落としているのかも
　　しれない。また、錦絵が見つかっても、その描かれた年月を確定することは難し
　　いことがある。12 代庄之助は最初から紫白房を許されていないはずだ。当時はそ
　　のようなしきたりではなかったからである。勤めている途中で紫白房を許された
　　なら、その年月をまず確認しなければならない。紫で描かれている錦絵があり、
　　それが事実を描いているのであれば、12 代庄之助は間違いなく紫白房を許されて
　　いたことになる。残るのは、常時許されていたか、特定の状況でのみ許されてい
　　たかを調べることである。

月 18 日¹²⁾）

「相撲行司の軍配は元来赤房が例なりしが、13 代目木村庄之助のとき
初めて肥後司家吉田追風より紫白の免許を請け、（中略）一昨年死去
せし 15 代木村庄之助は同家より紫房の免しをうけ、（後略）」

　この記事では、13 代庄之助が初めて「紫白房」を許されたとあるが、
これは事実と異なる。というのは、9 代庄之助と 12 代庄之助がすでに「紫
白房」を許されていたからである。9 代庄之助の「紫白房」は文字資料の
『角觝詳説活金剛伝』で確認できるし、錦絵でも確認できる。他方、12 代
庄之助の紫房（厳密には紫白房）は、先にも述べたように、錦絵で確認で
きる。
　次の新聞記事では、歴代の木村庄之助は「准紫房」を使用したとある。

・『読売新聞』の「西の海の横綱と木村庄之助の紫紐」（明治 25 年 6
月 8 日¹³⁾）

「木村庄之助は代々家柄に依り軍扇に紫紐を用いるといえども（但し
白 2,3 本打交ぜありという）、熊本興行中は司家に対し相憚り紫白
打交ぜの紐を用いたりしもこの日（4 月 7 日：本章注）西の海の位に
伴われ横綱方屋入り（土俵入り：本章注）を曳きいる行司なればとて、
当日限り紫紐（准紫房：本章注）の允許あり。（後略）」

9 代庄之助、12 代庄之助、および 13 代庄之助は最初から「紫白房」を

12)　本書ではどの章でも、読みやすさを考慮し、引用文の文体や語句を少し書き換
えることがある。正確さを期すのであれば、出典に直接当たることを勧める。そ
のことを強調しておきたい。
13)　新聞では「西の海」となっているが、番付では「西ノ海」となっている。力士
の名称を書くとき、本章でも必ずしも番付どおりになっていない。特に漢字は書
き換えることがある。もし正確を期すのであれば、番付で確認することを勧める。

許されているが、後で「准紫房」も許された形跡は見当たらない。この記事にあるように、木村庄之助は代々「准紫房」を許されていない。すなわち、この記事は事実に反する。「准紫房」が許されたのは、15代庄之助が初めてである。

　次の新聞記事にも13代庄之助の「紫房」のことが述べられている。文脈から察すると、それは「准紫房」を意味している。

・『報知新聞』の「行司の紫房、司家より庄之助らに許可」（明治32年5月18日）

「〈行司紫房の古式〉　相撲行司の所持する紫房は、古より難しき式法のあるものにて、これまでこれを許されしは、13代木村庄之助が肥後の司家吉田追風より許可されしを初めとし、これよりのち本式の許可を得たる者なかりしに、先頃死去したる15代木村庄之助が、再びその許可を得たり。されどこは単に相撲協会より許されしにて、吉田追風より格式を許されしにあらざりしが（後略）」

　15代庄之助の「紫房」は二度目であり、吉田司家から許されていない「黙許」だとしていることから、13代庄之助の「紫房」は「准紫房」である。もしその解釈が正しければ、この「准紫房」は事実を正しく反映していないはずだ。確かに、13代庄之助は最初「紫白房」を許されているが、後で「准紫房」を許されたという形跡はない。つまり、最初から最後まで「紫白房」のままだったのである。また、13代庄之助が「紫白房」を初めて許された庄之助だと解釈すれば、それも事実に反する[14]。9代と12代庄

14）　吉田司家の文書「故実相伝又ハ免許ス可キ条目」には「団扇紐紫白打交」（明治15年6月13日付）とあることから、明治15年には「紫白房」が許されている。おそらく、その当時まで、「准紫房」は許されていなかったに違いない。これが正しい解釈だとすれば、13代庄之助は「准紫房」を許されていないことになる。もし許されていたとすれば、正式な免許ではなく、「黙許」であろう。吉田司家が当時、「准紫房」を黙許でも許していたかどうか、疑問である。

之助にすでに紫白房が許されていたからである。

　この記事によると、15代庄之助の「准紫房」はまだ吉田司家から許可
されていない。紫白房は明治19年にはすでに許されている。その後、15
代庄之助は「准紫房」を「黙許」で使用している。しかも明治30年2月、「准
紫房」が正式に吉田司家から許されている。それは当時の新聞だけでなく、
他の資料でも確認できる。なぜこの新聞記事（明治32年5月18日）で、
15代庄之助の「准紫房」が吉田司家から許されていないと書いてあるのか、
その理由がわからない。この記事では13代庄之助の「紫房」を「准紫房」
と解釈しているが、それは誤解である。つまり、実は「紫白房」であった。

　13代庄之助が「紫白房」を許された後、それに追随して6代伊之助にも「紫
白房」が許されている。但し、条件付きである。すなわち、横綱土俵入り
のときだけ、「紫白房」が許されている。ということは、そうでないときは、
「朱房」を使用した。

　当時、横綱が二人、雲龍久吉と不知火光右衛門がいた。紫房（紫白房）
を許されていた13代庄之助が横綱土俵入りを引くのに合わせ、朱房だっ
た6代伊之助にも横綱土俵入りを引くときだけ、特別に紫房（紫白房）の
使用を許している。横綱土俵入りでは「草履」が条件のはずだが、その当
時、どういうわけか「紫房」になっている。6代伊之助は朱房であっても、
草履を履いていれば、横綱土俵入りを引くのに何の遜色もないはずである。
6代伊之助に特別に「紫房」を許したことは、次の新聞記事に見られる。

・『読売新聞』の「式守伊之助と紫紐の帯用」（明治30年2月10日）

　「（前略）式守家が紫紐を用いたる先例は今より三代前の伊之助が特許
　されしより外さらになく、この時の如きも当時東に雲龍久吉という横
　綱ありたりしに、また西より不知火光右衛門現れ、東西横綱なりした
　め、東は庄之助（13代：本章注）これを引き、西は式守伊之助が引
　くという場合よりして、（後略）」

　式守伊之助は6代のとき初めて、紫白房を許されている。それも横綱

土俵入りを引くときだけである。それ以外では朱房を使用している。横綱
雲龍の最終場所は元治 2 年春場所なので、春場所以降は紫房を使用してい
ないことになる。それが事実に即しているかどうかはまだ確認していない。
元治 2 年春場所以降に描かれた錦絵でどの色で描かれているかを調べる必
要がある。本章ではそこまで調べていない。

『大相撲立行司の名跡と総紫房』（pp.42-5）では、6 代伊之助は元治 2
年春場所で紫房を使用したとするのが自然だと書いてあるが、両横綱が登
場した元治元年冬場所からとするのが正しいかもしれない。というのは、
両横綱が登場するのは場所前にすでにわかっていたことであり、東西横綱
の土俵入りでは庄之助と伊之助が必要だということもわかっていたからで
ある。元治元年冬場所と元治 2 年春場所のうち、どちらが正しいかを解決
するには、資料となる錦絵が見つけることである。そのような年月を判別
できる錦絵が存在するかどうか、今のところ、わからない。

6 代伊之助は明治 10 年 1 月から 13 年 5 月まで首席行司だったが、そ
のあいだずっと朱房だった。つまり、首席であっても紫房（つまり紫白房）
を許されていない。14 代庄之助は 6 代伊之助が首席であるあいだ、紫房
を許されていない。14 代庄之助の紫白房を文字資料で確認できるのは、
明治 15 年 7 月日付の「御請書」がある。錦絵ではそれ以前でも紫白房を
確認できるが、朱房の錦絵もあり、いずれが真実なのか、今のところ、不
明である。

15）　横綱土俵入りを引くには草履が最低条件だと思っているが、横綱雲龍と不知火
　　　（光）の頃は紫房が重要だったらしい。両横綱を引く行司の房色に差別をなくし
　　　たかったからかもしれない。その辺の事情は深く調べてないので、間違った指摘
　　　をしているかもしれない。
16）　この「御請書」は荒木精之著『相撲道と吉田司家』（pp.126-8）や吉田長孝著『原
　　　点に還れ』（pp.34-6）に掲載されている。また、拙著『大相撲行司の伝統と変化』
　　　の第 3 章「行司と草履」や『大相撲立行司の軍配と空位』の第 3 章「文字資料と
　　　錦絵」（pp.82-3）でも紹介されている。
17）　推測の域を出ないが、横綱土俵入りのときだけ、紫白房に使用を黙許で許され
　　　ていたかもしれない。そうであれば、取組を描いている錦絵では朱房ということ
　　　になる。その辺はまだ確認していない。

4. 明治15年7月付の「御請書」

　拙著ではたびたびこの「御請書」に言及し、14代庄之助は「紫白房」を許されていたと指摘している。しかし、この「御請書」には真実と違う房色や草履が許さている行司が何人かおり、それをそのまま全面的に信頼できないことも指摘している。

　たとえば、木村庄五郎と木村誠道はこの「御請書」によれば、「方屋上草履」を許されているが、両行司は二人とも明治16年春には草履を履いていないはずだ。「御請書」の日付を考慮すれば、次の本場所は16年春場所となる。「御請書」によると、木村庄五郎と木村誠道にはともに草履が許されているが、木村庄五郎は明治18年7月、木村誠道は明治29年3月、草履は正式に許されている。明治16年に草履が許されたなら、特別の状況下しかありえない。どのような状況下なのか不明だが、たとえば、横綱土俵入りを引くときとか、地方巡業などで二人より地位の高い行司がいなかったときなどかもしれない。そのような行司がいることから、「御請書」を全面的に信頼できなかった。しかし、何らかの条件が別紙に記されてあったなら、信頼できる文書である。

　「御請書」を再び読み直して気づいたことがある。これには「前書きの通り」という条件が付いているにもかかわらず、それをこれまで軽く見ていたことになる。その条件が何であるかは今でもはっきりしないが、付随して別紙に条件が書いてあったに違いない。それが文献には記されていない。その条件があったことを認めれば、この「御請書」は本物である。「御請書」が本物であることは、状況証拠に基づく。

---

18)　木村庄五郎（のちの木村瀬平）は明治15年7月に朱房を許されている（『時事新報』の「故木村瀬平の経歴」〈明治38年2月6日〉）が、木村誠道（のちの16代庄之助）は明治18年に（朱房を）許されている（『読売新聞』の「16代木村庄之助の履歴」〈明治30年12月18日〉）。

19)　拙著『大相撲立行司の名跡と総紫』の第6章を参照。

・『本朝相撲之司吉田家』（肥後相撲協会、大正 2 年）

「明治 15 年 4 月復タ上京シテ、東京相撲年寄、相撲行司等ト会シ、今後ハ必ス故例旧式ヲ守リテ、コレニ準拠スベキ旨ヲ契約シ、コレヲ東京警視庁ニ伺イシニ、時ノ総監樺山資紀氏ヨリ契約ノ通リ何ら成規ニ触レルコトナシトノ指令ヲ得テ七月帰熊ス。コレヨリ我ガ相撲ノ道、旧ノ如ク復興スルニイタレリ。」（pp.21-2）

　これと同じ内容の記述は、たとえば荒木精之著『相撲道と吉田司家』の「吉田司家年表」（p.199）や吉田長孝著『原点に還れ』（pp.34-6）にも見られる。14 代庄之助と 7 代伊之助の二人に限定すれば、「前書きの通り」という条件は問題にならない。「御請書」に記された項目がそのまま通用するからである。14 代庄之助は「紫白内交紐、熨斗目、麻上下、方屋上草履」とあり、7 代伊之助は「方屋上草履、紅紐」とある。なお、この 14 代庄之助と 7 代伊之助の代数は「御請書」の日付から割り出したもので、「御請書」[20]には示されていない。

　14 代庄之助の在位期間は明治 10 年 1 月から明治 18 年 1 月である。明治 17 年 5 月に亡くなっているので、18 年 1 月の番付記載は「死跡」である。明治 10 年 1 月から明治 13 年 5 月までは 6 代伊之助が首席で、庄之助は次席だった。[21] 6 代伊之助が明治 13 年 9 月に亡くなり、庄之助が 14 年

---

20)　7 代式守伊之助は明治 16 年 1 月に式守伊之助を襲名している。それ以前は式守鬼一郎を名乗っていた。御請書は明治 15 年 7 月 4 日付なので、翌年 1 月の本場所から朱房を許されたことになる。6 代式守伊之助が 13 年 9 月に亡くなっているが、第 2 席だった鬼一郎はその前から朱房を使用していたかもしれない。実際に朱房を使用していたなら、御請書はそれを追認しただけということになる。そうであれば、朱房の使用は黙許だった可能性もある。6 代式守伊之助が明治 16 年以前、どの房色を使用していたかは調べる必要がある。その房色がどの色だったかにより、御請書の朱房の取り扱いもおのずと違ってくる。

21)　伊之助が首席になった例はもう一つある。明治 31 年 1 月場所番付で、8 代伊

1月番付から首席になった。6代伊之助は亡くなるまで朱房だったが、14代庄之助もそれまで朱房だった。

「御請書」によれば、14代庄之助は「紫白房」を許されていることから、それは16年春場所からということになる。問題は、14年1月から16年1月まで「朱房」のままだったのか、それとも「紫白房」だったのかである。錦絵を見るかぎり、朱房で描かれていることもあるし、紫白房で描かれていることもある。どれが事実を描いているのか、はっきりしない。

・明治11年4月、境川横綱土俵入之図、国明筆、行司・木村庄之助（朱房）、出版人・山本与一、個人所蔵／相撲博物館所蔵。

・明治14年5月、「豊歳御代之栄」（梅ケ谷と若嶋の取組）、安次画、行司・木村庄之助（紫房）、出版人・松木平吉、相撲博物館所蔵。[22]

14代庄之助は首席になり、紫白房を許されたのだろうか。「御請書」以前の「紫房」なので、これについては明確な判断ができない。横綱土俵入

之助は首席になっている（死跡）。次席は16代庄之助である。8代伊之助は30年12月に亡くなっている。明治43年5月まで、木村庄之助は首席だという規定がなかったことになる。慣例上、庄之助が伊之助より優位の位置にあっただけである。この優位性は吉田司家も認めている（『東京朝日新聞』の「行司木村家と式守家」〈明治41年5月19日〉）。

22) この錦絵とよく似た画題「勇力御代之栄」という錦絵がある。木村庄之助は紫房である。描かれた年月は登場する楯山と梅ケ谷の力士名から明治16年から17年のあいだと推測されるが、明治14年5月の錦絵「豊歳御代之栄」を改作したものである。二つの錦絵で同じ紫房で描かれていることから、14代木村庄之助は明治14年5月頃、紫房を許されていたかもしれない。この行司は明治14年1月に首席になったので、その頃に紫房を許されたかもしれない。「御請書」より約1年前である。そうなると、黙許だったことになる。明治16年以降の錦絵でも朱房がよく見られるので、それ以前に描かれた紫房ももう少し吟味する必要がある。なお、錦絵「勇力御代之栄」に関しては、拙著『大相撲立行司の軍配と空位』の第3章「文字資料と錦絵」の末尾にも（pp.94-5）少し解説してある。

りのため特別の許可を受けていたなら、紫房でも不思議でないが、取組を描いているとなると、常に使用していたことになる。その辺の事情がはっきりしない。

　明治 16 年以降であっても、不思議なことに、ほとんどの錦絵では朱房で描かれている[23]。

・明治 17 年 4 月 1 日、画題なし、西ノ海と大鳴門の取組、行司・木村庄之助（朱房）、出版人・松木平吉、個人所蔵／相撲博物館所蔵。

・明治 17 年 5 月 19 日、「御浜延遼館於テ天覧角觝之図」（大達と梅ケ谷の取組）、国明画、行司・木村庄之助（朱）、出版人・山本与一、個人所蔵／相撲博物館所蔵。

　錦絵を見るかぎり、「御請書」は間違っていると思いたくなる。明治 16 年後に描かれた錦絵で、14 代庄之助がなぜ朱房で描かれているのか、その理由がわからない[24]。

　このように、朱房で描かれている錦絵もあれば、紫房で描かれている錦絵もある。「御請書」に従えば、少なくとも明治 16 年以前は「朱房」のはずである[25]。錦絵の房色を見るかぎり、14 代庄之助は「御請書」に従っ

---

23)　14 代庄之助が登場する錦絵と出典は、たとえば拙著『大相撲立行司の名跡と総紫』の第 2 章でいくつか提示されている。錦絵そのものではなく、錦絵のリストである。

24)　明治 17 年の天覧相撲を描いた錦絵ではほとんどすべて、14 代庄之助は朱房で描かれている。これは不思議である。「御請書」で紫白房を許されているのに、その紫白房で描かれていないからである。

25)　「御請書」を本物だと判断しているが、それに記されている房色がいつから使用されていたかとなると、その判断は難しい。「黙許」でその房色を以前から使用していたかもしれないからである。その場合はもちろん、「御請書」はその房色を追認しただけということになる。いつから紫房を黙許で使い出したかを知ることはかなり難しい。横綱土俵入り以外でも黙許という許しがあったらしいが、その「条件」が不明だからである。

ていない。しかも横綱土俵入りだけでなく、取組を裁いていても朱房で描かれている[26]。なぜそうなっているかは、今のところ、謎である。同一行司が同じ時期に朱房と紫房で描かれていると、いずれかが真実を描いていないと判断するのが自然である。[27]

5. 15 代木村庄之助の「准紫」

15 代庄之助は「准紫房」を明治 30 年 2 月に許されている。

(1) 『読売新聞』の「式守伊之助と紫紐の帯用」(明治 30 年 2 月 10 日)

「(前略) 紫紐房は木村庄之助 (15 代:本章注) といえども、房中に 2,3 の白糸を撚り交ぜ帯用することなれば (後略)」

(2) 吉田長孝著『原点に還れ』

「江戸時代は吉田追風家門弟である木村庄之助には、軍配の総の色は緋総「深紅色」を授与していた。当時、紫総は禁色で、吉田追風家の団扇にだけ認められていた。その後、明治三十一年、十五代木村庄之助に対し二十三世追風善門が初めて紫分の団扇として紫総を授与し、

---

26) 横綱土俵入りで紫房、取組で朱房と決まっていれば、房色を特別な条件下で使い分けているとわかるが、14 代庄之助はどのような条件下でも両方の房色で描かれている。何か理由がありそうだが、それがわからない。

27) 「御請書」以外の資料で、紫白房がいつ許されたかがわかるような文字資料を探しているが、残念ながら、その幸運に恵まれていない。この行司について記述してある文字資料はあるが、房色がわかるような記述が見つかっていないのである。房色を記述した文字資料が見つかれば、いつ紫白房を許されたのか、どういう条件下で許されたのかは容易に判断できるはずだ。また、なぜ同時期の錦絵で朱房と紫白房が両方描かれているのかもわかるかもしれない。文字資料の中に何か手掛かりがあるにもかかわらず、私がそれをたまたま見落としているかもしれない。そのように思えてならない。

それ以降今日に至っている。」(p.135)

15代庄之助は明治19年に「紫白房」を許されている。[28] これは当時の錦絵で確認できる。この「紫白房」の後で、「准紫房」は改めて許されたことになる。『原点に還れ』ではあたかも「総紫房」が許されたかのように書いてあるが、それは事実に即していない。総紫房が許されたのは、正式には明治43年5月である。それまでは、「准紫房」だったのである。それは次の文献でも確認できる。

・三木貞一・山田伊之助共編『相撲大観』（明治35年）

「紫房は先代木村庄之助（15代：本章注）が一代限り行司宗家、肥後熊本なる吉田氏より得免されたるものにて現今の庄之助及び瀬平もまたこれを用いるといえども、その内に1，2本の白糸を交えおれり。」(p.300)[29]

---

28)　拙著ではこれまで15代庄之助に紫白房が許されたのは明治20年としてきたが、それは誤りで明治19年が正しいことがわかった。19年5月付の錦絵「宿祢神社祭典大相撲之図」（別冊相撲秋季号、昭和52年10月、pp.132-3）があり、それに15代木村庄之助が紫房で描かれている。同じページに錦絵「天覧角觝之図」（明治17年3月〈御届18年〉、国明画）があり、式守伊之助の房（朱）が同じ形で描かれている。塩入太輔編『相撲秘鑑』（明治19年3月、p.30）によると、15代庄之助は明治19年には朱房だが、これは本の執筆と発行年月の差によるのかもしれない。つまり、本の執筆段階では朱だったが、発行した20年の前年（つまり19年）にはすでに紫白を許されていたことになる。そうでなければ、いずれかが事実を正しく反映していないことになる。ちなみに、『相撲秘鑑』には「団扇は真紅の紐を用いるのは甚だ重きこととなりし来たりたるものにて、昔は庄之助、伊之助の二人のみなりしが、（中略）今一人に真紅の紐と草履とを許せしが、今にては前のごとく木村、式守のみなり」(p.30) と記されている。

29)　本章ではまったく触れないが、この『相撲大観』に記述されているように、16代木村庄之助と6代木村瀬平は二人とも「准紫房」だった。吉田長孝著『原点に還れ』にあるように、「総紫房」ではなかった。16代木村庄之助と6代木村瀬平は同じ房色だったことから、地位的には同じとみなされている。しかし、番付を見るか

准紫房が 15 代庄之助に初めて許されたのは確かだが、それは明治 30 年 2 月である。『原点に還れ』では「明治 31 年」となっているが、それは事実と異なる。15 代庄之助は明治 30 年 9 月に亡くなっているので、死亡後に准紫房が許されるはずがない。これは勘違いによるミスかもしれない。不思議なことに、荒木精之著『相撲道と吉田司家』（p.200）や枡岡智・花坂吉兵衛共著『相撲講本』（p.655）でも「明治 31 年」と記されている[30]。事実を確認していないことに起因しているかもしれない。

　15 代庄之助が正式に「准紫房」を許されたのは明治 30 年 2 月だが、実は、それより以前から「准紫房」を使用していた。それは次の新聞記事でも確認できる。

・『読売新聞』の「西の海の横綱と木村庄之助の紫紐」（明治 25 年 6 月 8 日）

　「木村庄之助は代々家柄に依り軍扇に紫紐を用いるといえども（但し

ぎり、木村庄之助が右、木村瀬平が左にそれぞれ記載されており、木村庄之助が上位扱いになっている。番付記載にこのような差があったために、二人の房色にも実際は微妙な差があったのではないかと疑問に思ったこともある。しかし、『相撲大観』に記されているように、二人ともまったく同じ「准紫房」であることから、房色に差がなかったのである。なお、二人の行司は最初から「准紫房」を許されていないはずだ。最初は「紫白房」、のちに「准紫房」がそれぞれ許されているはずだ。私はそのように理解している。これに関しては、たとえば拙著『大相撲立行司の名跡と総紫』の第 1 章でも扱っている。

30)　両著書とも肥後相撲協会編『本朝相撲の司吉田家』（大正 2 年）に基づいているので、同じ過ちを犯している。私は誤りだとしているが、実際はそうでないかもしれない。私が気づいていない意味があるかもしれない。なぜなら、明治 30 年当時の新聞記事でもこの「准紫」については取り上げているし、同年に 15 代庄之助が亡くなっているのも知っていたはずだからである。さらに、『本朝相撲之司吉田家』にも「明治 31 年」と記してある。その理由を知らないので、私は「明治 31 年」は「明治 30 年」の誤りだと指摘しているのである。

白2，3本打交ぜありという）、熊本興行中は司家に対し相憚り紫白
打交ぜの紐を用いたりしもこの日（4月7日：本章注）西の海の位に
伴われ横綱方屋入り（土俵入り：本章注）を曳きいる行司なればとて、
当日限り紫紐（准紫房：本章注）の允許あり。続いて同興行中は苦し
からずとの特許ありたるため自然黙許のごとくなりたるが、今回の両
国大場所も同じく紫紐（准紫房：本章注）を用いる由（後略）」

　この「紫紐」は厳密には「准紫房」だが、「黙許」となっている。つまり、
正式の免許を受けたものではない。明治23年5月には西ノ海横綱土俵入
りで「准紫房」を黙許され、それが25年の熊本巡業でも続いていた。つまり、
23年以降25年までずっと「准紫房」を黙許で使用していた。恐らく、こ
の「准紫房」使用の黙許は明治30年2月に正式に許されるまで継続され
ていたに違いない。最初は横綱土俵入りだけの特別許可だったが、それ以
外でも常時使用したようである。
　15代庄之助が明治25年当時の西ノ海横綱土俵入りのとき、特別に「准
紫房」を黙許で使用していたことは次の記事で確認できる。

・『読売新聞』の「寸ある力士は太刀冠りに頭を打つ」（明治25年7
　月15日）

「本年（明治25年：本章注）四月下旬、東京力士西の海嘉次郎が肥
後国熊本に赴き、司家吉田追風氏より横綱及び方屋入りの節、持太刀
の直免許を受けたるに付き、行司木村庄之助もこれに伴れて司家より
相撲故実三巻を授与し、特に横綱を率いる行司の事にしあれば、紫紐
（准紫房：本章注）をも黙許されたるが（後略）」

「准紫房」の使用は明治23年3月に始まり[31]、明治25年を経て、明治30

---

31)　西ノ海は明治23年3月に横綱を許されているが、正式な横綱土俵入りは本場
　　所5月である。『読売新聞』の「相撲の古格」（明治23年1月19日）には「その

年まで黙許で続いていたことになる。「准紫房」の使用だけに焦点を当てれば、黙許であったが、明治23年から使用されていたと主張することもできる。したがって、「准紫房」に関しては、次の二つがあると言ってもよい。

・准紫房の使用について
　(a)　准紫房は黙許で明治23年から使用されていた。
　(b)　准紫房は明治30年2月に正式に許された。

　これまでは明治30年2月に許された「准紫房」が正式なものであることから、それを強調しがちだった。事実、吉田司家文書の『本朝相撲の司吉田家』でも15代庄之助に准紫房は「明治31年に」（明治30年：本章注）許されたと書いている。明治23年に准紫房を黙許で使用していたことはまったく述べられていない。横綱土俵入りのときという特別許可で始まったが、それ以外でも常時使用されるようになっている。明治30年2月に正式な許しが出ているが、それは現状を追認したに過ぎない。正式な許しが出た明治30年を准紫房の始まりと見るか、黙許であったが明治23年から始まっていたと見るかは、解釈の違いであり、どちらも正しい。そのことを指摘しておきたい。

　　免許（行司免許：本章注）は第一紫の紐房、第二緋、第三紅白にして、当時（現在：本章注）この紫を用いるは庄之助、緋色は伊之助、（後略））とある。この記事の「紫房」は厳密には「紫白房」に違いない。23年5月以降に「准紫」が黙許されているからである。1月には西ノ海はまだ横綱を推挙されていない。推挙されたのは3月である。なお、鎗田徳之助著『日本相撲傳』（1902〈明治35年〉、pp.45-6）にも明治23年の九州地方巡業の際、15代庄之助が西ノ海横綱土俵入りで「紫房」を許されていたこたが書いてある。この「紫房」は「准紫房」に違いない。錦絵「西ノ海嘉治郎横綱土俵入之図」（春宣筆、太刀持ち・綾浪、太刀持ち・千年川、発行人・松木平吉、明治23年）があるが、その中で木村庄之助（15代）は紫房で描かれている。その紫も「准紫」に違いない。もちろん、錦絵では紫色の異種は判別できない。

6.　紫は禁色か

　江戸時代の服制では紫は禁色だったので、行司はその紫を許されなかっ
たという。³²⁾そう記述してある文献をいくつか示す。

（1）　古河三樹著『江戸時代の大相撲』（昭和 17 年）

　　「服制の厳しかった徳川時代には、行司の用いる団扇は緋房が最上級
　　であって、紫は禁色であった。」（p.122）

　寛延 2 年 8 月の木村庄之助の免状に「紫紐」の許しがないのは、紫が
禁色だったからという趣旨のことが記述されている。当時、それに次ぐ色
は「紅」だったので、「紅紐」が許されているという。

（2）　枡岡智・花坂吉兵衛共著『相撲講本』（平成 10 年）

　　「この紫は禁色であり、ほしいままに着用すべきものではなかったの
　　である。（中略）団扇の紐紫白を吉田家より授くるということは、15
　　代木村庄之助へ明治 31 年に初めて遣ったことで、思うに徳川時代服
　　制の厳しかった時は、到底なし得るところでなかったのを、（後略）」
　　（p.655）

　15 代庄之助に紫白房が初めて許されたようになっているが、これは、

---

32)　その服制が江戸時代の特定の時期だけなのか、それとも江戸末期まで継続して
　　いたのかははっきりしない。紫が禁色だと唱えているのは、どちらかと言えば、
　　立行司の行司免許状で「朱房」（厳密には「紅紐」）と記載された時期について述
　　べられているが、本章ではあえて江戸時代末期まで続いていたと仮定する。行司
　　の房色では江戸時代でも紫が使用されているが、力士の化粧廻しにはつい最近ま
　　でも紫色を使用しない傾向があった。

もちろん、誤りである。しかも、「明治31年」というのも誤りである。明治30年が正しく、許された房色も「准紫」だった。この引用で指摘したかったのは、「徳川時代服制が厳しく」紫房の使用が難しかったということである。江戸時代には、あたかも「紫房」（「紫白房」を含む）がまったく許されなかったように書かれているが、実は、それに反して「紫白房」は許されていた。これはすでに見てきたとおりである。

(3) 吉田長孝著『原点に還れ』（平成22年）

> 「江戸時代は吉田追風家門弟である木村庄之助には、軍配の総の色は緋総「深紅色」を授与していた。当時、紫総は禁色で、吉田追風家の団扇にだけ認められていた。その後、明治三十一年、十五代木村庄善助に対し二十三世追風善門が初めて紫分の団扇として紫総を授与し、それ以降今日に至っている。」（p.135）

　この記述でも、「紫房」は禁色となっている。それが真実でないことは、これまで見てきた。江戸時代の庄之助や伊之助の中には何人か「紫白房」を許されている。紫色に続く「深紅色」を授与していることから、この紫房というのは実際は「准紫房」と「紫白房」の二種ということになる。「総紫」は江戸時代には授与されていない。25世吉田追風（著者）がなぜ江戸時代、「紫白房」が許されていなかったと書いているのか、不思議である。9代、12代、13代庄之助が「紫白房」を許されていた。その事実を見落としていたのだろうか。それとも本当に「紫白房」はなかったと思っていたのだろうか。
　この記述にはまた、これまでも指摘してきたように、他にも明らかな誤りがある。繰り返しになるが、それを示しておく。

・誤りの訂正
(a) 15代庄之助に授与されたのは「准紫」である。「総紫」ではない。
(b) 授与されたのは明治30年である。15代庄之助は30年9月に亡

　くなっている。
（c）　「准紫」が廃止され、木村庄之助の房が「総紫」になったのは、
　明治 43 年である。

　江戸時代に禁色とされていた「紫」を許された行司を何人か示しておく。

（1）　吉方兵庫

　木村喜平次著『相撲家伝鈔』（正徳 4 年）に「無官の行司は真紅なり。
摂州大坂吉方兵庫などの如く官位成の行司は紫を用いる也」とある。吉方
兵庫は元禄・享保の頃の行司で、当時、「紫房」を使用している。この「紫
房」が総紫なのか、他の色の糸が混じったものなのかは不明だが、「紫房」
を使用していたのは確かである。少なくとも元禄・享保の頃にすでに紫糸
が使用されている。吉方兵庫の出自は不明だが、行司の身分である。紫が
禁色なら許されないはずだが、「官位」となったことでそれを許されている。
その官位がどういうものかはわからないが、皇室と結びつく身分ではない
はずだ。それなのに、紫を許されている。

（2）　木村玉之助の紫房免許

　古河三樹著『江戸時代の大相撲』（p.325）に文化 5 年 9 月、大阪行司の
木村玉之助に授与された免許状の写しが掲載され、その中に「紫紐」が許
されている。これが実際の免許状の写しかどうかは確認できないが、禁色
の「紫」が許されたことになる。他の色が混じっていることを示す「紫打

33）　酒井忠正著『日本相撲史（上）』（p.97）にも『相撲家伝鈔』からの引用がある。
　　吉方兵庫がどのような名誉ある称号、たとえば○○○守のような官位名を授与さ
　　れたかは不明。行司として極めて誉れある称号を授与されようだ。
34）　この免許状が誰によって許されているか不明である。掲載されている写しが不
　　鮮明で字が読みづらい。本物かどうかも確かでない。その真偽は確かでなくても、
　　「紫紐」が文化期に許されていたことが重要である。

交紐」や「紫白打交紐」という表現にはなっていない。これから察すれば、「総紫」となるが、実際はそうでないかもしれない。他の色が混じった紫だったが、「紫」と表現しているかもしれない。もし「総紫」であるなら、江戸時代でもそれが許されたことになり、本章は修正しなければならない。[35]

（3）　他の紫房行司

　9代、12代、13代庄之助、それに6代伊之助は「紫白房」を許されている。総紫や「准紫」でないことは確かだが、禁色の紫であることは確かである。古河三樹著『江戸時代の大相撲』によれば、「紫白」も禁色である。なお、明治時代に入っては、14代庄之助の紫白が許されているが、15代庄之助には一段上の准紫が許されている。その後は、明治43年5月に行司装束改正があり、総紫になっている。[36]

（4）　吉田追風

　吉田追風は司家の当主だが、もともとは行司である。勧進相撲が出現する以前から「紫房」を許されている。寛政3年6月の上覧相撲でも紫房

---

35)　本章では江戸時代の行司に許された「紫房」は白糸が少し混じった「紫白房」であると主張している。「総紫房」や「准紫房」は許されていなかったとしている。ところが、この免状では「紫紐」となっている。「紫白紐」を「紫紐」と表現したと解釈しているが、文字どおりに「総紫紐」と解釈するのが正しいのだろうか。

36)　明治時代に入っても行司の房色が「総紫」になっていないが、それが「紫は禁色」という江戸時代の服制と関係があるのかどうかはわからない。その禁制がいつ解除されたのかをまだ確認していない。明治に入って43年間も総紫になっていないのを見ると、その禁制とは無関係という気もする。なぜ准紫止まりになったのだろうか。これについては、たとえば拙著『大相撲行司の伝統と変化』の第4章「明治43年以前の紫房は紫白だった」にも少し触れている。その本を出版した頃は白糸の混じった紫を「紫」と捉えていた。のちに、白糸の混ざり具合によって区別する必要性が生じ、准紫、（真）紫白、半々紫白の三種に区別するようになった。

40

を使用している。これは成島峰雄著『すまゐご覧の記』でも確認できる。禁色の紫を許されるほど身分の高い出自だったのだろうか。その「紫」がどういう類の紫だったのかは不明である。つまり、総紫なのか、准紫なのかはわからない。いずれにしても、禁色の紫を許されていたのだから、それに相応しい身分だったに違いない。残念ながら、私にはそれを判別する知識がない。

　元禄・享保の頃から江戸末期まで禁色の紫が許されていることから、行司はあえてその服制に従わなかったのか、何らかの条件下であればそれを使用できたのか、不明である。

　私は服制に関する知識が乏しいため、その服制がどの程度厳しいものだったのか、また何らかの条件下では紫を使用できたのか、わからない。本章では、禁色に反して、紫白房を許された行司が何人かいるため、問題提起のつもりで取り上げることにした。

7.　今後の課題

　本章では 12 代庄之助から 15 代庄之助までの紫房について述べてきたが、まだ解決すべき問題点があることも確かである。そのいくつかを示し、今後の課題としておきたい。

(1)　9 代庄之助の紫房について『角觝詳説活金剛伝』では「紫打交紐」とあるが、打交ぜた糸は何色だったのだろうか。本章では「白糸」だとしているが、それは間違いないだろうか。たとえば、「紅糸」ということはありえないだろうか。大橋新太郎編『相撲と芝居』（博文館、明治 33 年、p.43）に紫と朱（紅）が混じった「紫朱房」または「紫紅房」のことが書いてあるが、そのような房が本当に存在していたのだろうか。寛政 3 年 6 月上覧相撲では四本柱を紫と紅色で巻いている。四本柱の色と房の色とは別物だが、本章では紫に朱色の混じった房を否定している。それは正しいだろうか。

(2)　12 代庄之助は紫を許されたと指摘したが、その証拠となっているのは一枚の錦絵だけである。他に証拠となる錦絵や文字資料がないか調べる必要がある。文字資料はないかもしれないが、錦絵なら見つけられるかもしれない。最高位の在位期間が約 10 年あるし、そのあいだに何枚か描かれていた可能性があるからである。

(3)　13 代庄之助が紫白房を許されていたことは確かだが、本章では准紫房は許さていないとしている。明治時代の新聞記事の中には准紫房の使用を認めている記述もあるが、それが真実に即した記述なのか、改めて検討する必要がある。本章と違って、13 代庄之助が准紫房を許されていたとすると、初めての庄之助となる。これまでは 15 代庄之助が初めてだとなっている。准紫房を初めて許されたのが 13 代庄之助なのか、それとも 15 代庄之助なのか、大きな問題である。

(4)　14 代庄之助が紫白房を許されたのは、「御請書」に基づき、明治 16 年 1 月だとしているが、それが事実に即しているかどうかは検討する必要がある。首席になった明治 14 年 1 月から 16 年 1 月のあいだに紫白房を黙許で使用していなかったのかどうかがはっきりしない。この行司が紫白房を許されたことは確かだが、いつそれが許されたかを調べることである。

(5)　15 代庄之助は明治 23 年から 30 年まで准紫房を黙許で使用していたとしているが、それが事実に即しているか、調べる必要がある。また、横綱土俵入りだけでなく、常時それを使用したいのか、それを裏づける証拠をもっと調べる必要がある。黙許の期間が長すぎるのである。さらに、なぜ 15 代庄之助になって、これまでの紫白房と違い、准紫房を初めて許したのだろうか。本章ではそれについて何も触れていないが、何か理由があるはずである。

(6)　江戸時代の服制によると、紫は禁色であり、行司の房色でもそれを
使用できなかったとときどき文献に述べてある。しかし、行司の中に
は紫白房を許されたものがいる。総紫でなければ使用できたのかと問
いたくなるが、そのような条件について文献では明確に述べていない。
吉方兵庫、木村玉之助、吉田追風等の紫房は文字通り総紫だったのだ
ろうか。立行司の紫白房は禁色の紫に反しているのだろうか、そうで
ないだろうか。禁色だった紫と立行司の紫白房については今後追究す
る必要がある。

　それぞれの立行司についてもう少し調べる必要のある課題を示したが、
もちろん、視点の置き方によって他にも課題はあるに違いない。そもそも、
立行司はいつ紫白房を許されたのか、なぜその年月なのか、それさえもま
だわからない。これも今後、解決したい課題である。

第 2 章　軍配の握り方再訪

1.　本章の目的[1]

　行司が力士の名乗り上げをするとき、軍配の握り方に二通りある。本章ではその握り方に関連することを調べ、次のことを指摘する。

(1)　二通りの握り方は少なくとも 8 代伊之助時代から続く伝統である。それは守るべきものとして規定されていないが、行司間に不文律として受け継がれてきたものである。

(2)　22 代、28 代、30 代庄之助は、握り方は行司の自由であり、二通りの伝統などないと異議を唱えているが、それは伝統を無視したものである。異議を唱えていたときでも、二通りの握り方は堅持されていた。

(3)　二通りの握り方は 19 代伊之助が言い出し、その頃に決まったと 24 代伊之助は『大相撲』（1984 年 5 月号）で語っているが、それは伝統を無視しており、明らかに間違っている。

(4)　二通りの握り方が伝統だとしても、その伝統を守らない行司はいつの時代にも何人かいる。立行司にもいたし、三役以下の行司にもいた。現役の行司だけでなく、過去の元行司も何人かいる。

---

1)　本章をまとめている段階では 29 代・33 代・35 代庄之助、40 代伊之助、現役行司の元基さん（幕内）にお世話になった。特に握り方やその伝統についてお尋ねし、貴重なご意見をいただいた。ここに改めて、感謝の意を表しておきたい。

上に記してある指摘はすべて密接に関連があり、（1）が証明できれば、（2）と（3）は自動的に決まる。なぜ（2）と（3）を別個に掲げているのかと言えば、それが昭和30年以降の文献に述べられていて、歴史的な事実と乖離しているからである。立行司3名が伝統などなかったかのような発言をしている。特に驚いたのは、24代伊之助が二通りの握り方を言い出したのは19代伊之助の頃だと雑誌記事で述べていることである。行司の世界では最高位の立行司が公的に言えば、それが公式な発言として捉えられがちである。行司のあいだでしか通用しない握り方に関する発言となると、そうなのかもしれないとなってしまう。私も握り方を深く調べていなければ、この4名の立行司が述べていることが正しいはずだと理解する。しかし、たまたま握り方が伝統であることを認識していたし、それを裏づける文書もあったので、4名が述べていることにはやはり問題があることに気づいたのである。

　ところで、軍配の握り方に関しては、拙著『大相撲行司の伝統と変化』の第1章「軍配の握り方を巡って」にも詳しく扱い、『詳しくなる大相撲』の第4章「行司」と『大相撲行司の世界』の「行司の装束と持ち物」（pp.102-30）でも紹介している。本章で扱う資料や内容にもこれらの拙著と重なるものがたくさんある。このことを強調しておきたい。

2.　握り方の名称

　行司が取組開始で力士を呼び上げるとき、軍配の握り方に二通りある。木村姓の行司は軍配を握るとき、手に甲を上にし、手の平を下にする。それを「陰」という。他方、式守姓の行司は手の平をやや上向きにし、手の甲をやや下向きにする。それを「陽」という。行司の実際の握り方をみると、「陰」と「陽」を明確に区別できるのがほとんどだが、その区別がむつかしい場合もときどきある。たとえば、手の甲がやや斜めになっていることもあれば、横を向いていることもある。そのような握り方の場合、各行司の過去の握り方や木村姓と式守姓の改名などを調べて、「陰」か「陽」

陰　　　　　　　　　　　　陽

図　軍配の握り方

を判断している。

　握り方が「陰」か「陽」であることは確かだが、その握り方に特に呼称
はないという。文献でも握り方の名称は一定していない。参考までに、そ
のいくつかを記しておく。

(1)　（握り方は）陽、陰。これと同じ表現としては「陽の握り方」、「陰
　　の握り方」がある。多くの本や雑誌ではこの表現で記述している。雑
　　誌では『大相撲』（昭和 59 年〈1984〉5 月号）の「24 代式守伊之助
　　の風雪 50 年」（p.96）、『相撲』（昭和 38 年〈1963〉2 月号）の「軍
　　配裁きのむずかしさ」（p.149）など、本では 29 代庄之助著『一以貫之』
　　（p.188）や 27 代木村庄之助著『ハッケヨイ残った』（p.53）など。握
　　り方だけを示し、「陰」とか「陽」を省いているものもある。たとえば、
　　21 代木村庄之助『ハッケヨイ人生』（pp.184-5）、『大相撲』（昭和 40
　　年〈1965〉9 月号）の「行司」（p.139）など。

(2)　陽の構え、陰の構え。たとえば、金指基著『相撲大事典』（p.96）、
　　拙著『大相撲行司の伝統と変化』（p.26）など。

(3)　陽の型、陰の型。たとえば、『サンデー毎日別冊〈大相撲秋場所〉』（昭
　　和 34 年〈1959〉年 9 月、p.50）など。

(4)　伊之助流、庄之助流。たとえば、33代木村庄之助著『力士の世界』
　　（昭和34年9月、p.128）など。

(5)　式守流、木村流。たとえば、19代式守伊之助『軍配六十年』（117）、
　　拙著『大相撲行司の世界』（pp.107-9）、33代木村庄之助との共著『大
　　相撲と歩んだ行司人生51年』（pp.66-8）など。

　本章では、特定の名称にこだわらず、自由にいずれの名称も使用してい
る。陰とか陽というのは陰陽道に基づいた分け方なので、実際、握り方の
名称にこだわる必要はない。28代庄之助は勝負と結びつけた解釈をした
ために、軍配の握り方に「陰」と「陽」のレッテルを張ることに異議を唱
えている。[2]
　握り方が「陰」、「陽」のいずれか見分けがつかない場合、第三の握り方
として「我流」とする分け方もありうるが、本章ではあえて伝統的な二つ
のうち、いずれかに分けることにした。区別があいまいな「我流」をする
行司の中には、二つの分け方に賛同しない考えの持ち主がいるかもしれな
いが、その主義を発言していない場合が普通なので、なぜそのような握り
方をしているのかはわからない。[3]

　2)　たとえば、土俵祭の祝詞「方屋開口故実言上」では「天地開け始まりてより陰
　　陽に分かれ、澄め明らかなるもの陽にして上にあり、これを勝ちと名づく。重く
　　濁れるもの陰にして下にあり、これを負けと名づく。」と唱える。陽はプラス的、
　　陰はマイナス的なイメージがあり、これが二つの握り方に関し、28代庄之助の受
　　け入れがたい要因の一つかもしれない。
　3)　握り方は自由であるべきだという発言をしている立行司が3名ほどいるが、そ
　　の握り方もあえて「陰」と「陽」に分けてある。握り方が判別しにくい三役以下
　　の行司もいくらか見られるが、その握り方に関しどういう考えでそうしているの
　　かはわからない。その考えを記してある資料が見当たらないのである。現役行司
　　の一人には尋ねたことはあるが、他の元行司に直接尋ねたことはない。

3.　握り方の伝統

　20 代庄之助は軍配の握り方に二通りあることを述べている[4]。昭和 11 年のコピーがあり、それが『相撲と野球』（昭和 18 年 1 月号）の「参考録　木村松翁（庄之助）氏に行司の持用器のことを訊くの記」（p.54）として掲載されている[5]。

　「稀世の名行司と言われる松翁氏は、はじめ式守錦太夫を名乗り、伊之助となり、次いで庄之助となる。昭和十一年十月五日の聞き書き。

　　普通、行司の持つものは『軍配団扇』と申しますが、木村と式守両家の持ち分はそれぞれに軍配、団扇であります。すなわち木村のは軍配瓢箪形であり、式守のは団扇卵形です。私は式守の出ですから、このように（と団扇を示され）団扇を用いております。昔は木村、式守両家の軍配、団扇は截然たるものだったのですが、東京と大阪と合併してから──あるいは式守より木村に入り、木村より式守に入るものあり──系統が混雑し、従って持つものも混乱してきました。
　　次に式守は団扇を陽（掌を上にして）に持ち、木村は軍配を陰（掌

---

4)　昭和 11 年のコピー文書は 33 代庄之助との共著『大相撲と歩んだ行司人生 51 年』（p.132）に掲載されている。コピーと雑誌の文書は表現の仕方が少し異なるところがある。コピー文書が昭和 11 年 10 月付であることから、本章では多くの場合、その文書を古いほうの年月「昭和 11 年」として扱っている。

5)　引用の前半部は軍配の形に述べたものだが、あえて掲示してある。式守家と木村家では軍配の形が以前は違っていたと述べているが、その真偽は明白でない。拙著『大相撲行司の軍配と空位』の第 6 章「軍配の形」ではそれを取り上げ、そのような相違はなかったと指摘している。たとえあったとしても、ほんのわずかの期間だけで、行司間に浸透する前に崩れてしまったに違いない。なお、この雑誌文書とほとんど同じコピー文書は拙著『大相撲行司の伝統と変化』（pp.21-2）や木村庄之助（33 代）との共著『大相撲と歩んだ行司人生 51 年』（pp.131-2）にも掲載されている。

を下に）持ちます。塵を切るときは——力士の相対礼に立ち合うとき
は式守、木村いずれも右を陰にし、左を陽に建向（串の先）を受けま
す。軍配団扇の表裏は『天下泰平』その他の銘ある面を上にすべきで
すが、日月と銘ある場合は日月を上にします。云々。

　当日、実地見学するに式守、木村ともに陰に持ち、ただし力士の塵
切りの際のみ——力士は手を陽に開き、陰に反す、と同様に団扇は陽
に出し、陰に反す。軍配は陰に出し、陽に反す。陰陽和合なり。ただ
し右手のみをもってするときは以上の如く軍配団扇を操作し、左手を
添えるときは右手を陰にして持ち、左手を陽に受けるのであった。」

　この文書は昭和 11 年 10 月 5 日付となっていて、行司は 20 代庄之助（松
翁）である。松翁は明治 19 年に入門している。これは、たとえば『野球界』
（春場所相撲号、昭和 11 年 1 月）の永坂實筆「松翁土俵生活五十有二年」
で確認できる。

　　「松翁が、八代目伊之助の門に入り行司としての修業を始めたのは明
　　治十九年（11 月：本章注）。翁が十歳の時であった。」（p.47）

　松翁は明治 19 年に入門し、8 代伊之助から軍配の作法を教わったに違
いない。教わったとは明確に書いてないが、式守姓は軍配を陽に持ち、木
村姓は陰に持つとあることから、当時、その持ち方を教わったに違いない。
この推測が正しければ、軍配の持ち方は当時からあったと判断してよい。
　それでは、師匠の 8 代伊之助はいつから軍配の持ち方を習得したのだろ
うか。8 代伊之助は安政 3 年（1856）11 月の番付に初めて記載されてい

---

6)　参考までに、自伝『国技勧進相撲』（昭和 17 年）には握り方に関する記述はない。
　　それに記述があったならば、のちに 22 代・28 代・30 代庄之助等の異議は起きな
　　かったに違いない。20 代庄之助は松翁であり、行司を含め、相撲界の人々はその
　　著書を読んでいたはずだからである。
7)　『夏場所相撲号』（昭和 10 年 5 月号）の二十代木村庄之助筆「行司生活五十一年」
　　（p.47）に自筆の行司歴が掲示されている。

ることから、二通りの見方ができる。

(1)　安政 3 年 11 月以前から二通りの握り方があった。
(2)　安政 3 年 11 月から明治 19 年のあいだに二通りの握り方が始まった。

　いずれが正しいかを確認できる資料はないが、両方の可能性を推測することはできる。万延の頃には木村姓と式守姓以外にも岩井姓の行司がいたが、式守姓の行司は他の行司家と区別し、独自の握り方をしていたかもしれない。もう一つの見方としては、式守姓と木村姓だけの行司になったとき、ともに握り方の区別をするようになったかもしれない。確実な資料がない以上、どちらが正しいかを判断できない。間違いないのは、おそらく、20 代庄之助が明治 19 年に 8 代伊之助に入門した頃には、すでに二通りの握り方があったことである。それから類推すれば、8 代伊之助が入門した安政 3 年の頃には、二通りの握り方があったにちがいない。このような状況を考慮し、本章ではあえて幕末にはすでに二通りの握り方があったと指摘しておきたい。
　それから、明治 19 年以降昭和 11 年までのあいだに二通りの握り方があったことを確認できる資料はないだろうか。これに関しては、次の資料がある。[8]

・『都新聞』（明治 43 年 4 月 29 日）の「庄之助の跡目」[9]

---

8)　今のところ、これ以外に名乗りを上げるときの差異を確認できる資料は見当たらない。それは二通りの握り方がなかったわけではなく、軍配の握り方に気づいている人がほとんどいなかったからに違いない。握り方の伝統は行司のあいだだけで静かに守られていたかもしれない。握り方が公的にならなければ、その伝統を知る人もかぎられてくる。
9)　拙著『大相撲行司の伝統と変化』（p.4）と『詳しくなる大相撲』（p.162）で出典を『読売新聞』（明治 43 年 5 月 2 日）としているが、その出典は正しくない。正しい出典は『都新聞』（明治 43 年 4 月 29 日）である。なお、この記事は 9 代伊之助の後を木村進と木村庄三郎のうち、誰が相続するかを扱っている。明治 43 年まで、

「順序格式より言えば、伊之助の相続を相当とせんも本家伊勢の海にて承引すまじく、且つ団扇の作法において異なるところあれば、庄三郎一躍して庄之助を襲うべく予期せらる（後略）」

　この記事の「団扇の作法」は、名乗りを上げるときの軍配の持ち方を指しているに違いない。というのは、それ以外の軍配の持ち方は式守家と木村家は同じだからである。また、次の雑誌記事でも握り方に作法があったことを確認できる。

・20代木村庄之助筆『アサヒ・スポーツ〈相撲興隆号〉』(昭和11年〈1936〉5月号）の「行司修行の苦闘」

「私は明治19年、9歳の時に当時の伊勢の海部屋に入り、8代目伊之助の弟子となったのでした。部屋で行司の姿勢や団扇の持ち方、触れ方、名乗りの揚げ方など兄弟子から教えられたのです。」(p.13)

　この記事の「名乗りの揚げ方」は軍配を陰で握ることを指している[10]。20代庄之助は15代伊之助を襲名するまでも式守姓であり、陰の握りをしていた。伊之助（15代）から庄之助（20代）になったとき、握り方も陰

木村家と式守家はそれぞれ別々の行司家であった。この年、木村庄三郎が伊之助を襲名し、伊之助が庄之助を襲名するようになった。木村庄三郎は伊之助を襲名し、軍配の握りを「陽」にしたかどうか不明である。おそらく「陰」のままだったのではないかと推測している。なぜなら、もともと大阪相撲から東京相撲に加わった行司であり、大阪相撲では握り方の伝統はなかったはずだからである。

10）　これに関しては29代庄之助に確認した。名乗りを上げるときに、握り方以外に何か作法があるかと尋ねた。それ以外にないということだった。文献資料などをみても、力士を呼び上げるとき以外、木村家と式守家には何も違いがないと書いてある。なお、拙著『大相撲行司の伝統と変化』(p.4) で「団扇の持ち方」は軍配の握り方を意味していると書いているが、それは間違いである。「名乗りの揚げ方」が軍配の握り方を意味している。

になったはずだ。実際にそのような握り方をしたのかどうかは調べてない。それを確認する資料をまだ見ていないからである。

　明治末期から昭和 11 年までの資料であれば、握り方は動画や写真などで確認できるかもしれない。故意に握り方を映さなくても、たまたま握り方が映っているかもしれない。写真であれば相撲関係の雑誌や書籍に掲載されているかもしれないし、動画であればそれを保存している資料館などで確認できるかもしれない。

4.　現在の状況

　現在（令和 3 年 12 月）、行司はほとんど全員、二通りの握り方をしている。しかし、現在と異なり、過去に異なる握り方をしている行司もわずかながらいる。つまり、握り方を変えている行司もいる。

(1)　木村晃之助（三役）。たとえば、序二段の頃は陰の握りだったが、幕下の頃は陽の握りをしていたこともある。現在も陽である。たとえば、『大相撲』（平成 2 年 1 月号）の写真と『大相撲』（平成 16 年 1 月号）の写真。

(2)　木村銀治郎（幕内）。握り方は明らかな陽ではないし、陰でもない。手の甲が縦になり、力強く握っているので、陽になっている。たとえば、『大相撲』（平成 13 年 1 月号）の写真と『大相撲』（平成 16 年 1 月号）の写真。

(3)　木村容堂（三役）。三段目の頃は陽で握っていたが、幕下の頃から陰の握りになっている。現在は陰で握っている。たとえば、『大相撲』（昭和 59 年 1 月号の写真）と『大相撲』（昭和 63 年 1 月号の写真）。

(4)　木村秋治郎（十両）。序ノ口の頃は陽で握っていたことがあるが、現在は陰で握っている。たとえば、『大相撲』（昭和 63 年 1 月号）の

53

写真と『大相撲』（平成 16 年 1 月号）の写真。

　なぜ現在の握り方に変わったかは不明である。ずっと同じ握り方をしている行司なら、それが自分に合う握り方かもしれないが、途中で握りを変えた行司なら、何らかの理由があるかもしれない。行司の一人に何か理由があるのかと尋ねたことがあるが、意識して変えたがその理由はあえて言わないという返事だった。私もそれ以上あえて尋ねないことにした。三役で行司姓と異なる握り方をしている場合、立行司の伊之助や庄之助を襲名したとき、その握り方を変えるのか、それとも変えないのか、楽しみである。軍配の握り方を教えるのは行司監督である。行司が入門した頃、行司監督が土俵上の作法を教えながら、軍配の握り方も教える。行司監督の一人・木村元基（幕内）に尋ねると、握り方は伝統であり、入門の頃に基本を教えるという。そうしなければ、伝統は維持できないともいう。[11]

　基本の型は教えるが、行司によってはそれから逸れる握り方をするものも出るそうだ。教えられた型を守らなくても、罰則はない。幕下以下の行司であれば、誰かが指摘することもあるが、有資格者（十両以上）になると、基本的には誰も指摘しないそうだ。二通りの握り方は了解しているが、行司姓と異なる握り方がその人にとって自然なら、それでかまわないという。[12] その行司が行司監督になり、握り方を教える側になると、どうするのだろうか。気になるところだが、その場合は、行司姓によって握り方が異なることを教えるそうだ。伝統は尊重するが、握り方を強制することはないという。

---

11)　33 代木村庄之助との共著『大相撲と歩んだ行司人生 51 年』（2006 年、p.67）の中で、33 代庄之助は、行司監督が教えた握り方は守るべきだと語っている。そのような規律があるため、入門者は握り方に二通りあることを知り、行司姓に基づいた握り方を早い段階で身につけている。昭和 30 年頃、握り方をしっかり教えていることからもわかるように、当時すでに二通りの伝統があったことは確かである。

12)　これに関しては行司部屋で以前、33 代庄之助にも尋ねたことがあるが、同じことを語っていた。

　力士の名乗り上げをするとき、行司は二通りの握り方のうち、いずれか
でなければならないということを規定した規則はない。規則にないのは、
基本的に行司の自由である。握り方に二通りの伝統があることを認めるが、
その伝統を守っていくかどうかは行司の自由である。この精神が行司の世
界では尊重されている。私はそのように理解している。行司という職業に
は長い歴史があるので、その中には規定にない「慣わし」がある。「慣わし」
は基本的に守るものだが、それから逸脱した場合、「奇異な」な感じを受
けるが、極端な逸脱でない限り、排除することもない。[13]

5.　21 代庄之助以降の立行司

　立行司は伊之助であれ庄之助であれ、ほとんどの場合、二通りの握り方
を認めている。異なる握り方をしている立行司は 5 人を超えないかもしれ
ない。[14] 立行司の中には自伝を著したり、相撲雑誌などに登場したりし、そ
の中で二通りの握り方を認めている。20 代庄之助は特別に取り上げたの
で、21 代以降の立行司を何人か示すことにする。なお、握り方を確認し
たければ、雑誌『大相撲』や『相撲』などの写真が役立つ。[15] 23 代木村庄

---

13)　たとえば、軍配の形でも瓢箪形や卵形が主流だが、それは自然にそうなっただ
　　けで、いずれかの形にすべきだという規則はない。現在の軍配と異なる形でも最
　　初は「奇異な」目で見られるだろうが、それがそのまま採用され、定着するかど
　　うかは、なりゆきを見守るしかない。規則や規定に明確にうたわれていないもの
　　は、伝統して受け継がれていても、それを堅持していくかどうかは、行司の選択
　　である。「しきたり」の中には何となく伝統的に守ってきたものもある。たとえば、
　　兄弟子が土俵に向かうとき、履物を揃えたり、軍配を持ったりするのは一種の伝
　　統であり、実際に守ってもいいし、守らなくてもいい。しかし、「しきたり」と
　　しては守るのが普通である。
14)　異なる握り方をしている行司は、ほとんど出羽一門である。22 代庄之助の影響
　　が大きい。
15)　雑誌『大相撲』や『相撲』などの口絵では握り方が見られるが、中には力士を
　　呼び上げるときの握り方でないものがときどき混じっていることがある。注意し
　　てみれば、どの状況での握り方は大体見当がつく。判別がつかない場合は、以

之助の握り方を取り上げていないのは、式守伊之助を飛び越えて、副立行司から木村庄之助になっているからである。[16]

（1）　21 代庄之助

　自伝『ハッケヨイ人生』（昭和 41 年、pp.184-5）。この自伝出版は昭和41 年だが、21 代庄之助を辞めたのは昭和 26 年 5 月である。22 代庄之助や 19 代伊之助が上位行司だった頃、すでに二通りの握り方が定まっていたことがわかる。21 代庄之助の退職後に、つまり昭和 26 年 5 月後に、二つの握り方が定まったとするのは不自然である。

（2）　22 代庄之助

　自伝『行司と呼出し』（呼出し・前原太郎と共著、昭和 32 年、p.68）。この自伝によれば、二通りの握り方があると書いてある。[17]他の立行司のように、伊之助（18 代）時代には式守流で握ったと思いたいが、実際はそうでなかったらしい。写真や映像では握り方をまだ確認していない。[18]

（3）　19 代伊之助

　自伝『軍配六十年』（昭和 36 年、p.117）。30 代庄之助によると、木村庄三郎を名乗っていたころも式守流だった。拙著『大相撲行司の伝統と変

　　前の握り方や以降の握り方と比較してみるとよい。行司は行司姓を変えなければ、
　　握り方もほとんど変化しないからである。
16)　23 代木村庄之助は大阪相撲出身なので、握り方はおそらく一貫して木村流だっ
　　たに違いない。実際の握り方がどうだったかは、あえて調べていない。
17)　著書には二通りの握り方があると書いてあると 28 代庄之助に話すと、庄之助
　　は兄弟子の 22 代庄之助がそういうことを書くはずがないと断言していた。筆記
　　者の小島貞二氏がつけ加えたものだとも語っている。これは拙著『大相撲行司の
　　伝統と行司』（p.14）に記されている。
18)　22 代庄之助は昭和 15 年 5 月から同 26 年 5 月まで伊之助（18 代）だったので、
　　その頃どのような握り方をしているか、写真などで確認できるかもしれない。私
　　はそのような写真の確認をしていない。軍配の握り方にこだわらない主義だった
　　ので、ずっと木村流だったと推測している。

化』（p.16）を参照。行司時代ずっと、握り方が木村姓と違う式守流だっ
たかどうかは不明[19]。資料で確認していないが、おそらくそうだったと推測
している。

（4）　24 代庄之助

『相撲』（昭和 38 年〈1963〉2 月）の「軍配さばきのむずかしさ」、
p.149）。対談者は 24 代庄之助、21 代伊之助（のちの 25 代庄之助）、それ
に雑誌記者で、対談の中で二通りの握り方があると語っている。なお、他
にも『大相撲』（昭和 41 年〈1966〉7 月号）の「相撲をささえる裏方た
ち」（p.64）／『相撲』（昭和 45 年〈1970〉2 月号）の「二人で話そう⑥」
（p.134）[20]。

（5）　25 代庄之助

『相撲』（昭和 38 年〈1963〉2 月）の「軍配さばきのむずかしさ」／『相
撲』（昭和 45 年〈1970〉2 月号）の「二人で話そう⑥」（p.134）。

（6）　26 代庄之助

『相撲』の「行司はつらいもんだよ」（昭和 41 年 11 月号、p.141）[21]／『大
相撲』（昭和 39 年 9 月号の「口絵」（p.24）[22]。

（7）　27 代庄之助

---

19)　明治の頃に入門した行司の場合、戦前までにどのような握り方をしていたかを
　　調べるのは大変である。文字資料や写真などが極端に少ないからである。階級が
　　低ければなおさらである。昭和 30 年前でも握りに焦点を合わせた行司の一覧写
　　真など皆無に等しい。握り方に伝統があることそのものが世間にほとんど知られ
　　ていなかった。
20)　語り手は 25 代庄之助と伊之助（のちの 26 代庄之助）である。
21)　22 代伊之助（のちの 6 代庄之助）の写真があり、式守流である。
22)　26 代庄之助は三役格（式守勘太夫）の写真があり、式守流である。同じページ
　　に他の三役格の写真もあり、式守伊三郎は式守流、木村正直は木村流である。

自伝『ハッケヨリ残った』(1994〈平成 3 年〉、p.53)。『国技相撲のすべて』(昭和 49 年 7 月、p.106) に式守時代の写真が掲載されている。そのキャプションに「式守家は軍配を"陽"に持つ」とある。[23]

(8)　24 代伊之助

『大相撲』(1984 年 5 月号) の「24 代式守伊之助の風雪 50 年」(p.96)。握り方（特に式守流）を工夫したのは 19 代・ヒゲの伊之助だと聞いていると語っている(p.96)が、これはもちろん、間違った伝聞である。なお、『大相撲』(昭和 52 年〈1977〉11 月号) の小川皿皿筆「でっち小僧から立行司へ——24 代・式守伊之助に聞く」(p.111) では、明確に二通りの握り方があると述べている。

(9)　29 代庄之助

自伝『一以貫之』(2002〈平成 14 年〉、p.188)。初土俵は昭和 20 年 1 月で、式守姓だったが、その後、木村姓と式守姓に変わっている。[24]

(10) 33 代庄之助

『力士の世界』(2007〈平成 19 年〉、p.128)。33 代庄之助によると、入門当時（昭和 30 年頃）から握り方に二通りあることは行司監督から教えられたという。当時は伝統になっていたという。もちろん、以前から伝統である。

---

23)　拙著『大相撲行司の伝統と変化』(p.40) では手の甲が横にあるので、握り方は陰かもしれないと書いたが、陽だとキャプションには書いてある。手の甲を縦にしているときは、その分類があいまいになる。それまでの握り方や行司姓の変更などを考慮しなければならない。変化があれば、本人は使い分けていると思っているかもしれない。

24)　退職後に語っていたが、行司姓が変わると軍配の握り方を変えるが、必ずしも円滑ではなかったという。慣れ親しんだ握り方が自然になっていたこともあった。しかし、しばらくすると、行司姓に伴う握り方に慣れてくる。

（11）34 代庄之助

　監修『大相撲の解剖図鑑』（2016、エクスナレッジ、p.130）。相撲部屋では直接握り方に関し質問をしたことはないが、入門当初から式守流だったに違いない。伊勢ノ海部屋に所属していたからである。[25]

（12）35 代庄之助

　行司部屋や語り合いの中で確認できた。伝統は残したほうがよいし、式守家と木村家の違いが一つくらいあったほうがよいとも言っていた。入門の頃、行司監督はのちの 27 代庄之助で、二通りの握り方も教わったという。[26]

（13）36 代庄之助

　『大相撲　行司さんのちょっといい話』（2014、pp.111-2）。この著書の中で 24 代庄之助が行司姓に基づいた握り方があることを認めたという趣旨のことを書いてあるが、なぜ 24 代庄之助がそのようなことを言ったのか、不思議である。以前から行司姓に基づく握り方が二通りあり、行司はそれを知っていたからである。しかもそれを堅持していた。

（14）37 代庄之助

　行司部屋では握り方について話し合ったことがないが、引退後に話し合

25）　伊勢ノ海部屋は式守家の本家であり、特に昭和 33 年以前は式守系統の結束力は強かった。明治 43 年に木村家と交流するようになってからも、木村家と比べればその結束力は依然として強かった。現在は式守姓が増えているし、行司部屋も分散しているためか、以前より弱くなっている。

26）　28 代庄之助が 27 代庄之助に握り方に二通りあることを以前教えてもらったことがあるかと尋ねたところ、27 代庄之助は「いや」と答えたと雑誌記事に書いている。ところが、35 代庄之助は入門の頃、行司監督の 27 代庄之助からじかに二通りの握り方を教えてもらったという。35 代庄之助の自伝『ハッケヨイ残った』や 35 代庄之助の話などを考慮すると、35 代庄之助は 28 代庄之助との関係をスムーズにするために、あいまいに返事したようだ。それを 28 代庄之助は「いや」と捉えたらしい。

う機会があった。39代伊之助時代はかなり短かったが、式守流で握っていた。それが伝統だと受け止めていたそうだ。

（15）40代伊之助

　握り方に二通りあることは理解しており、それを堅持するように努めていた。そのように話していた。行司姓を変えているが、それに基づいて握り方も変えている。

（16）41代伊之助

　現在の握り方を見れば、式守流である。もともとは木村姓だったが、平成24年2月に式守勘太夫に改名している。行司姓が変わったとき、それに合わせて握り方も変えている[27]。

　ここで取り上げていな立行司も握り方の伝統を守っているが、それを確認できる文字資料を見ていないし、行司部屋で尋ねる機会もなかった。立行司ともなれば、どこかで握り方に関する発言をしているはずなので、私がそれをたまたま見落としている可能性がある。写真であれば、昭和40年代辺りから握り方に特化したものがあり、どの立行司がどのような握り方をしているか調べることができる。

6.　異なる意見

　立行司で軍配の握り方に関し、異議を明確に唱えたのは22代・28代・30代庄之助である。その理由は、拙著『大相撲行司の伝統と変化』の第1章「軍配の握り方を巡って」に詳しく書いてある。ここでの説明は基本的にそこで述べてあることに基づいている。

27）　行司部屋で改名の経緯や握り方などを話し合っていたとき、それまでの握り方を意識的に変えたと語っていた。伝統は大事にしたいとも話していた。

（1）　22 代庄之助

　この行司は長いあいだ大阪相撲の行司であった。そこでは軍配の握り方は自由であった。東京相撲のように、二通りの握り方はなかった。東京相撲の行司に移籍しても、軍配の握り方にこだわりがなかったようだ。行司姓によって握り方が決まるという「しきたり」は知っていたかもしれないが、それにこだわる必要がないと思ったかもしれない。

　自伝『行司と呼出し』（呼出し・前原太郎との共著、昭和 32 年、p.68）には行司姓によって軍配の持ち方が二通りあると書いてあるので、そういう「しきたり」のことは知っていたかもしれない。しかし、これについて弟子の 30 代庄之助は兄弟子（つまり 22 代庄之助）がそういうことを書くはずがないと反論している。兄弟子からは自由に握ればよいと教えられたという。

　20 代庄之助のコピー文書（昭和 11 年 10 月付）によると、以前は木村姓と式守姓の軍配の形状は決まっていたという。その形状に混乱が生じているのは、大阪相撲から移籍した行司にも一因があるという。これは軍配の握り方にも当てはまる。

・『相撲と野球』（昭和 18 年 1 月号）の「参考録　木村松翁（庄之助）氏にも行の持用器のことを訊くの記」から一部引用（再録）

「普通、行司の持つものは『軍配団扇』と申しますが、木村と式守両家の持ち分はそれぞれに軍配、団扇であります。すなわち木村のは軍配瓢箪形であり、式守のは団扇卵形です。私は式守の出ですから、このように（と団扇を示され）団扇を用いております。昔は木村、式守両家の軍配、団扇は截然たるものだったのですが、東京と大阪と合併してから——あるいは式守より木村に入り、木村より式守に入るものあり——系統が混雑し、したがって持つものも混乱してきました。」（p.54）

もう一つは、おそらく、式守家と木村家の垣根がなくなったことに一因がある。明治43年頃、木村姓や式守姓に関係なく、年功序列的に伊之助を襲名し、その次には庄之助を襲名するようになった。行司姓は以前のようにこだわる必要がなくなった。もう行司姓による握り方にこだわることもない。しかも、行司は一度決まった行司姓を変更するようにもなった。つまり、式守姓から木村姓になったり、また木村姓から式守姓になったりした。式守家とか木村家の垣根が薄くなったために、伝統的な「しきたり」の効果も薄くなったわけである。また、行司姓が変わるごとに握り方を変えるとなると、慣れ親しんだ握り方を変えることにも混乱が生じることがある。

　22代庄之助は握り方に関してあまり発言していない。行司姓にこだわりなく、自由に握ればよいという考えは、弟子の30代庄之助の話から知ることができる[28]。それは拙著『大相撲行司の伝統と変化』の第1章「軍配の握り方を巡って」の第4項「28代庄之助と30代庄之助の見解」に述べてある。「相撲に二流があってはいけない」とも語っている。作法は二つあってはいけないので、一つに統一すべきだという考えである。式守家に一つ、木村家に一つ、別々の作法があってもおかしくないはずだが、22代庄之助は握り方も作法であり、一つに統一すべきだと考えていたに違いない[29]。別々の家があれば、作法が異なっていてもいいと考えるか、作法は一つにすべきと考えるか、見解の相違がある。

（2）　28代庄之助

　28代庄之助は握り方の伝統に異議を唱えているというより、握り方に

---

28)　30代庄之助は『大相撲』（1984年3月号）の「喜びの昇進五行司」の中で22
　　代庄之助の泉林八さんに弟子入りした」（p.72）と語っている。

29)　現在の木村姓と式守姓を名乗るのはもともと行司の家が異なることの名残である。それぞれ異なる行司姓がある以上、名目上、別々の行司の家があるのではないだろうか。それに関する見解はどうなっているだろうか。統一した見解があるかどうか、私はわからない。

「陰」とか「陽」を用いていることがおかしいと唱えている。勝ちは「陽」、負けは「陰」だから、軍配の握り方に「陽」とか「陰」とするのはおかしいというわけである。軍配の握り方に二通り認めるならば、別の用語を用いるべきだという。これは陰陽道の「陽」と「陰」を間違って捉えている。陰陽道では何でも「陰」と「陽」に分け、勝ちを陽、負けを陰とするが、軍配の握り方の「陽」と「陰」は軍配の勝ち負けを意味していないはずだ。「陰」と「陽」の用語は陰陽道と密接に絡んでいるので、その区分けをなくすとその思想を反映しないことになる。それを避けるため、拙著『大相撲行司の伝統と変化』では「陰の構え」と「陽の構え」を提言したのである。

　もう一つ、28 代庄之助は軍配は持ちやすいように持てばよいし、そもそも昭和 31 年以前は木村姓や式守姓に関係なく、自由に握っていたとも語っている。これが間違っていることは、20 代庄之助の昭和 11 年 10 月付の文書を見ればわかる。なぜ 28 代庄之助が、昭和 31 年以前は握り方が自由だったと語っているか、不思議である。もしかすると、28 代庄之助は握り方に二通りあることを知りながら、それが幕末または明治時代から続いていることを認識していなかったかもしれない。

　28 代庄之助は昭和 13 年に行司入門したとき、兄弟子は 20 代庄之助である。28 代庄之助は兄弟子から軍配の握り方を教わっていないと語っている。それは本当かもしれない。しかし、この行司の握り方は行司時代、

---

30)　28 代庄之助は庄之助時代も握り方は式守流である。拙著『大相撲行司の伝統と変化』(p.39) にそれを正しく指摘しているが、『詳しくなる大相撲』(p.162) では「陰の構え」だと誤って記述している。これは「陽の構え」とするのが正しい。もちろん、28 代庄之助は自分の握り方を「陽」だとか「陽の構え」だとは言っていない。しかし、序ノ口から「陽」の握り方をしているので、「陽」の握り方をしていたと認識していたはずだ。

31)　金指基著『相撲の大事典』にも「陽の構え」と「陰の構え」が使用されているが、陰陽道の「陽」と「陰」を反映したいという考えに基づいているかもしれない。これは推測であって、実際は別の考えに基づいているかもしれない。いずれにしても、軍配の構え方や握り方の考えには、陰陽道の思想が背景にある。

32)　これについては拙著『大相撲行司の伝統と変化』(p.12) にも書いてある。

確認できる資料を見るかぎり、一貫して式守流である。³³⁾師匠の 20 代庄之助が昭和 15 年に亡くなったので、22 代庄之助の預かり弟子となっている。間もなくして式守松尾から木村松尾に改名している。28 代庄之助が式守流の握り方になったのは、誰の影響を受けたのだろうか。これに関しては、少なくとも二通りの見方ができる。

（1） 師匠の 20 代庄之助から、なんらかの形で影響を受けた。直接教えられていなければ、師匠の握り方を見ているうちに自然にいつの間にか式守流を身につけたかもしれない。

（2） 師匠の 20 代庄之助とはまったく関係なく、自然に式守流の握りになった。22 代庄之助の預かり弟子になる前には、すでに式守流の握り方をしていた。

　28 代庄之助は二人の兄弟子から多くの影響を受けたと語っているが、握り方をどの行司から教わったかについては何も語っていない。自然に式守流の握り方になったかもしれないし、20 代庄之助と約 2 年間一緒だった頃、その兄弟子に何らかの影響を受けたかもしれない。式守姓の行司は式守流の握り方をするということを教えられたのだが、それをすっかり忘れてしまったのかもしれない。入門が小学生の頃であり、教わったことを記憶していないとしても何ら不思議ではない。22 代庄之助の預かり弟子になっても、兄弟子が軍配は自由に握ればよいという主義だったころから、すでに習得していた式守流の握り方を変えるように言われなかったかもしれない。なぜ入門の頃、早々と式守流の握り方を身につけたのかは、残念ながら不明である。³⁴⁾

---

33) 28 代庄之助は彼の握り方は式守流ではなく、「我流」だというかもしれない。そのほうが彼の考えに合致する。しかし、本章では「我流」の握り方を認めず、「木村流」か「式守流」に区分けしている。

34) 28 代庄之助は他の行司と比べても多くの機会で発言しているので、自身の握り

(3)　30 代庄之助

　30 代庄之助は兄弟子の 22 代庄之助に教わったことを忠実に守っている。兄弟子は軍配の握り方は好きなようにしてよいという主義だった。昭和 30 年頃に行司入門しているが、当時は一門の結束が強く、兄弟子の影響力が非常に強かった。兄弟子のいうことが絶対という時代である。22 代庄之助は握り方に伝統を認めていないので、30 代庄之助は木村流の握り方になった。

　30 代庄之助は平成 13 年 1 月から 9 月まで伊之助（31 代）だったが、握り方は木村流で通している。兄弟子の教えで握り方に伝統を認めていないので、30 代庄之助にとってそれが自然である。しかも、その握り方について誰からも苦言を受けなかったという。軍配の握り方には二通りの伝統があるといっても、それは単に「しきたり」であって、拘束力はない。

　このような立場を取る行司が監督になった場合、握り方をどう教えるだろうか。そういう疑問が起きる。他の行司が「しきたり」に従っていることを知っていながら、握り方は自由でいいと教えるのだろうか。奇妙なことに、28 代庄之助も 30 代庄之助も行司監督になっているが、握り方を教える担当になっていない。他の監督が二通りの握り方を教えていることを知っていたが、それに異議を呈することはなかったようだ。

7.　36 代庄之助の記述

　36 代庄之助（山崎敏廣）は著書『大相撲　行司さんのちょっといい話』（双葉社、2014）の中で握り方に関し、次のように書いている。

　「木村家と式守家の違いはどこにあるのですか？と聞かれるのですが、

方について、なぜその握り方になったかを、どこかで発言しているかもしれない。本章を執筆している段階では、残念ながら、そのような資料を見ていない。

木村家、式守家といういわゆる本家のようなものがあったり、家元制度になっているわけではありません。

　大きな違いを言えば、軍配の握り方ということになるでしょう。

　木村家の場合、握ったときの手のこぶしが上になり、式守家はこぶしが下になるのですが、これにかんしても、いろいろな流れがありました。

　昭和30年頃までは、握り方に関しては諸説があり、木村家、式守家というよりも、各行司が自分の兄弟子（兄弟子）から教わった握り方を踏襲する形だったそうです。

　ところが、30年代、24代・庄之助親方の時代に、『木村家と式守家の握り方をきっちり分けよう』ということで、こぶしの上下で両家を区別するようにしました。

　ところが、28代・庄之助（後藤悟氏＝後藤の親方）の時に、その方針が変わります。木村家、式守家というより、握り方は個人個人でやりやすい方法があるので、『個人の判断に委ねる』となったのです。

　つぎに庄之助を継いだ29代（桜井春芳氏＝桜井の親方）は、後藤の親方の方針とは逆の考え方でした。

　やはり、木村家と式守では分けなければならない。

　こうした経緯で現在は、木村家はこぶしが上、式守家はこぶしが下という見解が一般的となっています。[35]

　これまで軍配の握り方について、行司会で話し合うことはありませんでした。[36]

　私個人の意見としては、ある程度、木村家と式守家の違いはあった

---

35)　この本では握り方の呼称はない。ただ手の甲を上にするとか下にするという表現をしている。「陰」とか「陽」を使うと、読者に難しいという判断が働いていたに違いない。

36)　現在（令和3年7月）でも握り方を行司会で話し合ったことはないそうだ。しかし、行司監督が入門者に握り方を教えているという。29代庄之助も行司会で握り方を話し合ったことはないと語っていた。入門した頃（昭和20年頃）、当時の行司監督から教わったり、先輩行司から教わったりしたという。

ほうがよいと思うし、説明をしやすいと思うので、現在のような形を
引き継ぐことがベターだと思います。姓が木村家から式守家、または
逆に変わった時は、その姓の型に従えばよいのではないかと思いま
す。」（pp.111-2）

　36 代庄之助は平成 25 年（2013）9 月場所を最後に引退しているので、
その翌年（2014）に出版されている。当時の握り方やそれに至る過程が
述べてある。この記述にしいて付け加えることがあるとすれば、次のよう
なことが考えられる。

（1）　昭和 30 年以前に握り方に関し、諸説あったと書いてあるが、どの
　　　ような諸説があったのだろうか。

　これに関して、本章では以前から行司姓による握り方の違いはあったが、
明治 43 年以降にその伝統が崩れかかったとしている。それは式守家と木
村家の垣根がなくなってきたからである。それでも、握り方の伝統は依然
として継承されてきた。それは 20 代庄之助の文書でも、また明治 43 年
の「都新聞」記事でも確認できる。伝統を守らない握り方をする行司はい
たが、それはほんの一握りの行司であった。それは写真や文字資料で確認
できる。
　以前は、つまり昭和 32 年までは、一門単位の結束が強く、巡業も一門
単位で行うのが普通だった。軍配の握り方に関しても、兄弟子が弟子に教
えていたが、行司姓による握り方の伝統があり、その伝統は継承されてい
た。特に行司のあいだで握り方の混乱はなかった。式守家の兄弟子が弟子
に木村流の握り方を教えるということはなかったはずである。大阪相撲出
身の行司は握り方に二つの伝統がなかったので、その行司を兄弟子に持つ
とその影響を大いに受けたかもしれない。[37] それでもその影響は伝統を全面

37）　たとえば、29 代庄之助の入門した頃は兄弟子が大阪相撲出身だったので、軍配
　　の握り方をじかに教えることはなかったそうだ。間もなくして式守錦太夫が兄弟

的に崩してしまうほどの影響力はなかった。

（2）　24 代庄之助が二つの握り方を行司姓に基づいて明確に分けること
　　　にしたとあるが、なぜそのような発言をしたのだろうか。

　22 代庄之助と 19 代伊之助とあいだには握り方に関する考えが異なって
いたことは有名だが、私の考えでは 19 代伊之助の言っていることが正し
い。歴史的に見ても、ずっと握り方に二通りの伝統があったし、30 年前
後でもそれは堅持されていたからである。22 代庄之助は大阪相撲出身の
行司で、大正 13 年頃東京相撲に移籍したので、握り方の伝統をそれほど
重視していなかったかもしれない。それは弟子の 30 年庄之助にも大いに
影響を与えている。そのような考えの行司が立行司になり、その立場で握
り方に伝統などないという趣旨の発言をすれば、その影響力は大きい。東
京相撲の行司のあいだでは当たり前の伝統だとして継承されていたのが、
大阪相撲から移籍した行司にはそれほど重く受け止められていなかったか
もしれない。そうであれば、握り方の伝統を継承していこうという意識も
薄くなる。
　22 代庄之助と 19 代伊之助はともに昭和 34 年 11 月まで長期間勤めて
いたが、19 代伊之助が NHK テレビで握り方に行司姓による区別がある
と公的に発言したのち、行司会で握り方をどうするか、積極的な議論を交

　　子になると、式守姓の行司は軍配を式守流に握るのだと繰り返し教えられたとい
　　う。握り方は行司監督からも教えられたが、途中で行司姓を変えると、握り方を
　　変えなければならない。それは当然のことだったと受け止めている。これは握り
　　方の伝統が 20 年代当時、生きていたことを裏づけている。
38）　19 代伊之助は二つの握り方があることを世間に知らしめた功労者である。こ
　　の伝統的な握り方は行司のあいだでは当たり前のことであったが、世間にはほと
　　んど知られていなかった。22 代庄之助がその伝統を全く知らなかったかどうかは
　　はっきりしない。大阪行司の出身だったが、大正末期から東京行司だったわけだ
　　から知っていたはずだと思うが、30 代庄之助のお話から察する限りどうもその伝
　　統を認めていなかったようだ。二通りの握り方は知っていたが、それが昔から継
　　承されてきたものだと受け入れていなかったのかもしれない。

わしていない。立行司のあいだで意見の相違があることは行司の仲間で話したようだが、二人の立行司の意見の相違だということになったようだ。それが行司のあいだでくすぶっていたのかもしれない。それに対し、24代庄之助が明確に意思表示をしたかもしれない。どこで、どのような形で発言したかは不明である。何となくそのような噂が行司のあいだで伝わっていたかもしれない。そのことについて36代庄之助以外の行司の何人かにも確認したが、そもそもそういう発言があったことを知らないという返事しか返ってこなかった。

　現在でも二通りの握り方について行司のあいだで話し合ったことはないという。元行司たちに尋ねても、そういう話し合いをしたことはないそうだ。その伝統は不文律で、過去から現在まで継承されてきているようだ。これまでにもその伝統に反する握り方をしている行司はどの時代にもいた。しかし、その数がごくわずかで、他の行司はほとんどすべて二通りの握り方をしていた。過去にも現在でも行司監督がいて、そのうちの誰かが行司姓による握り方があることを教えてきたため、延々とその伝統が続いているのである。伝統としての握り方に反する行司は今後も現れるかもしれない。そのような行司の数が増え続き、大多数になることがあれば、その伝統は消失することになるかもしれない。しかし、当分、そのようなことは起きない。立行司はほとんどすべて、二通りの握り方を伝統として捉え、それを堅持していこうと考えているからである。

　24代庄之助は握り方に関する細々とした噂などを気にし、二通りの握り方には伝統があるということを明確に発言したものと捉えることにした。そうでなければ、それまでにあたかも混乱があったように捉えられるからである。握り方を自由にしてよいという主義の立行司が現れたことは確かだが、その影響力は行司の仲間にはほとんど影響しなかった。それは文書資料でも映像資料でも確認できる。

(3)　28代庄之助の時代に握り方は自由でよいという方針になったとあるが、なぜこれまでの方針を変えようとしたのだろうか。

28代庄之助が軍配の握り方は自由でよいとするのは、軍配の握り方を「陽」と「陰」と分け、それに「勝ち」と「負け」を結びつけたからである。軍配の握り方に「勝ち」と「負け」を区別するのはおかしいという考えである。実は、20代庄之助の文書には陰陽道の思想が握り方だけでなく、塵浄水の際の軍配の持ち方にも色濃く反映している。それを文書の中から示す。

・20代庄之助の昭和11年10月付文書の一部（再録、49頁を参照）

　「次に式守は団扇を陽（掌を上にして）に持ち、木村は軍配を陰（掌を下に）持ちます。（中略）当日、実地見学するに式守、木村ともに陰に持ち、ただし力士の塵切りの際のみ——力士は手を陽に開き、陰に反す、と同様に団扇は陽に出し、陰に反す。軍配は陰に出し、陽に反す。陰陽和合なり。ただし右手のみを持ってするときは以上の如く軍配団扇を操作し、左手を添えるときは右手を陰にして持ち、左手を陽に受けるのであった。」

　28代庄之助と20代庄之助は陰陽道の捉え方に違いがある。両行司が同じ捉え方をしていたなら、28代庄之助が握り方は自由でよいという発言をしなかったはずだ。もしかしたら、両者とも同じ捉え方をしていたが、28代庄之助は握り方を「陽」と「陰」で呼ぶことに違和感を抱いていたのかもしれない。28代庄之助は二通りの握り方を全面的に否定していない。握り方を「陽」、「陰」と呼ぶことに抵抗があるらしいのである。握り方を継承するなら、「陰」と「陽」以外の名称にしてほしいと唱えてさえいる。
　先ほども書いたように、28代庄之助は立行司であったことから、その発言の影響力は大きかったが、それが行司仲間の賛同を得ることは少なかった。仲間の行司はそういう発言を聞いていたし、そういう主義の持ち主だとも知っていたが、握り方を変えるほどの影響を与えなかった。実際、その当時、行司監督だった29代庄之助は28代庄之助の発言を聞いてい

たが、それには関係なく二通りの握り方を入門者には教えていたと語っている。

　伝統的に受け継がれてきた握り方を自由にしたければ、行司会などで公式に論議しなければならない。そうでなければ、仲間の賛同を得るのが難しいからである。ほとんどすべての行司が二通りの握り方をしているのに、立行司とは言え、一人でその伝統を変えようとしても簡単にできることではない。伝統を廃止するには、背景となっている陰陽道の考えを否定する必要がある。二通りに握り方には思想的な裏づけがあり、それには長い歴史がある。単に好き嫌いだけで、伝統を堅持してきたわけではない。その伝統を変えるのであれば、その伝統を堅持する価値がないことを提示し、仲間の行司を説得する必要がある。

(4)　36 代庄之助の記述には書いてないが、握り方は自由であるべきだと考えていた立行司がもう一人いる。それは 30 代庄之助である。

　本の中では 30 代庄之助について何も書かれていないが、それには特別の理由があったわけではないようだ。この行司も 28 代庄之助同様に、握り方は自由であるべきだという主義の持ち主である。そのことはもちろん、36 代庄之助もよく知っている。その 36 代庄之助が 30 代庄之助について何も触れていないので、ここでもこれ以上触れないことにする。

　22 代・28 代・30 代庄之助や 19 代伊之助に関しては、拙著『大相撲行司の伝統と変化』の第 4 章「軍配の握り方を巡って」でも詳しく扱っているので、もっと詳細に知りたければ、この 36 代庄之助の記述を比較しながら、読むことを勧める。

8.　三役以下行司

　過去に行司姓と異なる握り方をしていた三役以下行司を何人か列挙しておく。これは参考までの列挙であり、握り方を全員が常に堅持していたわ

けでないことを示すためである。握り方に関しては、行司は各自考えがあったかもしれないが、それについてはまったく触れない。三役以下の場合、握り方に関しどのような考えをしているのか、それをうかがい知ることはできない。発言する機会がほとんどないからである。

　握り方を示す写真は主として雑誌『大相撲』と『相撲』に掲載されているので、それを資料として参考にしてある。行司姓と異なる握り方をしている行司はほとんどすべて、木村姓である。木村姓の行司の中には、手の甲を上にするのではなく、横にすることがときどきある。その場合、真横になっていたり、斜めになっていたりで、木村流の握り方なのか、式守流の握り方なのか、明確な判断ができないことがある。式守流で握っている式守姓の行司と比べると、式守流とほとんど同じであることがある。そういうあいまいな握り方の場合、以前の階級や以後の階級を参考にし、どちらの握り方をしているか判別することもある。

(1)　木村光彦（三役）。式守流。『大相撲』（平成13年1月号）。幕内の頃は木村流で握っていることもある。たとえば、『大相撲』（平成9年1月号）。握り方は必ずしも一定していないので、区分けが難しいこともある。伊之助（34代）のときは式守流で握っている。たとえば、『相撲』（平成18年1月号[39])。

(2)　木村信孝（幕内）。式守流。『大相撲』（平成13年1月号）。

(3)　木村孔一（幕内）。式守流。『大相撲』（平成13年1月号）。

(4)　木村正直（幕下）。式守流。『大相撲』（昭和61年1月号）。のちには木村流で握っている。たとえば、『大相撲』（平成7年1月号、十両）。

(5)　木村博光（序ノ口）。式守流。『大相撲』（昭和59年1月号）。

---

39)　行司によっては階級を上る途中で握り方が変わることもある。ここで提示してあるのは映像で写っている場所の握り方である。したがって、一人の行司の握り方が常に一定だったか、それとも変化していたのかを調べたければ、実際は、その行司の過去の映像を丹念にチェックする必要がある。特に行司姓が変わる行司の場合は要注意である。慣れ親しんだ握り方で握らないとも限らない。

(6)　木村裕司（序ノ口）。式守流。『大相撲』（昭和 53 年 1 月号）。

　行司姓を変えると、慣れた握り方を変えることが難しいこともあると聞く。しかし、そのような行司でも意外とその行司姓に合わせた握り方をしている。もともと式守姓の行司は例外なく、式守流に握っている。見落としがあったとしても、ほんのわずかであろう。なぜ式守姓の行司は例外なく式守流に握り、木村姓の行司には例外がときどき見られるのか、はっきりした理由があるのかどうかわからない。

9.　自由な握り方

　平成前期に出版された相撲雑誌や相撲事典によると、握り方は定まっていないという趣旨のことが書いてある。

(1)　『国技相撲のすべて』、別冊相撲秋季号、平成 8 年 11 月、ベースボール・マガジン社

　「木村と式守では力士を呼び上げるとき、軍配の握り方が違っていた。木村家は"陰"といい、握りこぶしが上になる。式守家は"陽"といって反対に握りこぶしを下にする。しかし、現在（平成 8 年）ではこの 2 流ははっきりしておらず、軍配の持ち方も各自マチマチであるが、なるべくこれを守る方向でいこうとの動きも出ている。」(p.126)

(2)　金指基著『相撲大事典』、現代書館、2002 年（平成 14 年）

　「行司の軍配の持ち方は現在は自由であるが、以前は、庄之助は力士の名乗りを上げるときに軍配を握る手の甲を上にした。これを『陰の構え』といい、伊之助の手の甲を下に向ける『陽の構え』と対比させた。」(p.96)

『大相撲』（平成 8 年 1 月号と平成 13 年 1 月号）で名乗りを上げている
ときの行司を調べてみると、特に握り方がマチマチということはない。伊
之助（のちの 30 代庄之助）は確かに木村流で握っているが、この行司は
もともと握り方は自由であるべきだという考えである。すなわち、22 代・
28 代・30 代庄之助の一人である。たとえば、平成 8 年 1 月号では木村光
彦（幕内）、木村孔一（幕内）、木村信孝（幕内）は式守流に握っているが、
これらの行司は以前からその握り方をしていた。木村晃之助は平成 8 年に
も 13 年にも木村流に握っている。現在は式守流に握っているが、以前は
木村流で握っていた。

　平成 8 年頃や平成 13 年頃の写真を調べても、上記の記述にあるように、
行司姓と異なる握り方をしている行司は非常に少ない。多くの行司は行司
姓に基づいた握り方をしている。にもかかわらず、なぜ握り方が自由であ
るかのような記述があるのだろうか。それについては、次のような理由が
あるかもしれない。

(1)　行司姓に基づいて握り方をするという規定や規則がない。この握り
　　方の伝統は不文律である。したがって、罰則もない。
(2)　行司会で握り方を話し合っていない。
(3)　22 代庄之助の弟子である 28 代・30 代庄之助がいて、握り方は自
　　由であるという考えを持っていた。しかも、両行司の地位が上位にな
　　り、発言力が強くなった。

　実は、(1) と (2) は今でも生きている。規定や規則にないが、行司
監督は握り方を忠実に教えている。これはかなり以前から行われている。
29 代庄之助が入門した頃からあったという。ただ昭和 33 年以前は一門の
結束が強いため、兄弟子のいうことに従うことが普通だったらしい。その
頃行司入門した 33 代・35 代庄之助も行司監督から握り方を教わったと語
っている。
　(2) に関しては、不思議なことに、行司会で握り方を正式に話し合って
いない。それが行司姓と異なる握り方が現れる一因かもしれない。握り方

を教える監督が二通りあることを教えなければ、入門したての行司は自由
に握ってしまう。

　（3）に関しては、地位が上位にある行司になればなるほど、発言の影響
力が大きくなる。平成 8 年頃には握り方は自由でよいとする行司が高い地
位にあった。そのような行司は外部に発信する機会が多くなるし、内部で
ももちろん大きな影響力がある。しかし、当時の行司の握り方を調べてみ
ると、行司姓と異なる握り方をしている行司はきわめて少ない。影響はほ
とんどないと言ってもよい。しかも、異なる握り方をしている行司は、全
員が木村姓である。式守姓には全く影響は見られない。

　行司たちと以前話していて知ったことは、確かに立行司の中には握り方
は自由だと言っていたものもいたが、それに対して公然と反対したり同意
したりする行司はおらず、伝統を静かに堅持していたそうだ。行司には不
思議なことに、「伝統」へのこだわりが強く、できるだけ堅持したいとい
う心意気があるとのことである。28 代・30 代庄之助も自分たちの主義を
貫きたかったなら、他の行司たちを積極的に口説いたほうがよかったのか
もしれない。当時、そういう雰囲気は感じられなかったという。

　そのため、行司の握りかたがマチマチだという指摘があるほど、実態は
ほとんど崩れていなかった。握り方は依然として堅実だったのである。立
行司の在位期間は短いし、立場を異にする立行司がもう一人いるので、一
方の意見だけが独り歩きするということはない。長い伝統のある握り方は
一見揺らいでいるように見えても、立行司以外の多くの行司がしっかり伝
統を守っている以上、そう簡単に崩れることはない。

10.　今後の課題

　本章では握り方を巡っていくつかの課題を扱ってきたが、その解明にも
限界があることがはっきりしてきた。そのいくつかを提示しておく。

（1）　本章では二通りの握り方があったことを示す最も古い文字資料は
　　　『都新聞』（明治 43 年 4 月 29 日）の記事だとしているが、それより

古い資料はないだろうか。

(2)　本章では二通りの握り方は幕末までさかのぼると推定しているが、その推定は正しいだろうか。それを証拠立てる資料はないだろうか。

(3)　22代庄之助はなぜ19代伊之助は根拠のないことを言ったと語ったのだろうか。

(4)　22代木村庄之助・前原太郎共著『行司と呼出し』には二通りの握り方があると書いてある。30代庄之助はそれを22代庄之助が書いたはずはないと語っている。つまり、筆記者の小島貞二氏が書いたのだと語っている。それをどう解釈すればよいだろうか。

(5)　28代と30代庄之助は軍配の握りは自由であるべきだと語っている。28代庄之助は式守流に、また30代庄之助は木村流に、一貫して握っていた。なぜ他の行司たちはその影響を受けず、伝統的な握り方を堅持したのだろうか。

(6)　昭和40年以降だけに限定しても、木村姓の中には式守流の握り方をする行司がときどきいる。他方、式守姓の行司は全員、式守流の握り方をしている。それはなぜだろうか。

(7)　木村姓と式守姓のいずれでも、手の甲を真横にしたり、斜めにしたりして握っている行司がいくらかいる。「陰」と「陽」のいずれかに分ける場合、どれに分ければよいだろうか。陰陽道の観点ではいずれかに分けなければならないだろうか。すなわち、もう一つの分け方、たとえば「中間」のような分け方をすると、その思想に反するのだろうか。

　視点を変えれば、もちろん、他にもいろいろな課題が出てくる。どのよ

うな課題であれ、解明する必要がある。伝統的な握り方は二通りしかない
が、それがなぜ出現したのかさえまだ解明されていない。わかっているよ
うで、そうでもないというのが現状である。まず出現に至る過程を記した
資料が見つからない。そういう資料があるのかないのかさえわからない。
そういう資料が見つからないと、いつ出現したのかもわからない。握り方
は簡単な作法だが、問い方によっては暗闇の中を手探りしながら進むよう
なものである。

第3章　昭和初期の行司再訪

1.　本章の目的[1]

　昭和2年春場所番付行司欄の二段目と三段目は、次のように記載されている。[2]

・行司の順位
　(a) 二段目：木村清之助、(錦太夫改め) 式守与太夫、式守勘太夫、木村林之助、木村玉光
　(b) 三段目：木村庄三郎、木村誠道、木村正直、式守要人、木村善之輔、….

　本章ではこれらの行司に関する房色や階級について調べ、次のことを指摘する。[3]

(1)　木村清之助と式守与太夫は三役行司だが、草履を履いていなかった。

---

1)　本章の執筆段階では、特に取組写真で行司や軍配房の確認の際、大相撲談話会の多田真行さんと40代式守伊之助にお世話になった。特に40代伊之助には取組表から行司名を教えていただき、大いに助かった。葛城市相撲館の小池弘悌さんには資料閲覧でお世話になった。ここに改めて、お世話になった方々に感謝の意を表しておきたい。

2)　本章では行司姓の「木村」と「式守」を省略することもある。簡潔にするためで、それ以上の意味はない。

3)　本章では以前の「総」を「房」で表したり、「緋房」を「朱房」で表したりしている。これは字句の違いで、特に意味が異なるわけではない。引用でもときおり字句を変えることがある。

多くの文献では三役行司は草履を履き、帯刀していたと記述しているが、その記述は事実を正しく反映していない。

(2)　式守勘太夫は大正末期まで朱房の「幕内上位行司」だったが、春場所では紅白の「幕内行司」に格下げされた[4]。すなわち、朱房行司から紅白房行司になった。この行司は翌場所（5月場所）、三役に昇格し、朱房になった。

(3)　木村林之助は大正末期まで朱房の「幕内上位行司」だったが、春場所では「幕内行司」になり、朱房から紅白房になった[5]。一枚上の式守勘太夫とまったく同じだが、木村林之助は式守勘太夫と違い、夏場所以降も幕内のままだった。

(4)　木村庄三郎は大正末期まで朱房だったが、春場所では紅白房になった。番付では二段目の中央に記載されている。階級としては同じ「幕内」だが、朱房が紅白になり、格下げされている。

　本章では目に見える「写真」という客観的な証拠を提示し、房色の判断をしている。房色がわかることで、あいまいだった行司の階級もおのずと判明する。たとえば、式守勘太夫は春場所から三役で、朱房だったのだろうか。これに関してこれまで判断に迷いがあったが、これも写真判定で解決している。
　本章では、朱房なのか、紅白房なのかを区別できればよいので、モノク

---

4)　大正末期までは紅白房の「幕内下位行司」と朱房の「幕内上位行司」がいた。勘太夫は上位の幕内行司だった。勘太夫自身は「三役格行司」だったと語っているが、これが本当だったかどうかは確かでない。それを裏付ける確かな証拠が見当たらない。これに関しては、本書の他の章でも詳しく扱っている。

5)　大正末期までは朱房の幕内行司と紅白の幕内行司がいたが、昭和2年春場所以降の「幕内行司」は全員紅白である。格下げされたのは階級ではない。朱房から紅白になったことを「格下げ」と表しているに過ぎない。

ロ写真でも十分満足できる資料となりうる。幸いなことに、当時の相撲雑誌には取組の写真がときどき掲載されており、それに行司や軍配房も写っていることがある。鮮明な写真もあれば、そうでないものもある。行司名が掲載されていることもあれば、そうでないものもある。行司名が掲載されていなければ、行司のシルエット、取組んでいる力士、控えにいる行司、取組表などを参考にして判断せざるを得ないこともある。[6]

　本章で扱っている行司の房色や階級などについては、これまでも拙著で何回か扱っている。それを次に示す。内容的に重なり合うことが多いので、そのことをお断りしておく。

(1)　『大相撲行司の伝統と変化』の第 8 章「昭和初期の番付と行司」
(2)　『大相撲行司の軍配房と土俵』の第 5 章「草履の朱房行司と無草履の朱房行司」と第 8 章「大正時代の番付と房の色」
(3)　『大相撲の歴史に見る秘話とその検証』の第 7 章「大正末期の三名の朱房行司」」
(4)　『大相撲の神々と昭和前半の三役行司』の第 8 章「昭和初期の番付と行司」

なお、春場所の番付で示した行司は全員、のちに立行司になっている。

(1)　式守与太夫（のちの 16 代式守伊之助）
(2)　木村玉光（のちの 13 代木村玉之助）[7]

---

6)　大正 14 年 5 月場所以降は取組表に行司名が記されるようになったので、取組の力士名がわかれば、裁いている行司名がわかる。この取組表は非常に重要な資料の一つである。取組表の行司名は相撲博物館と 40 代式守伊之助に大変お世話になった。改めて、感謝の意を表したい。

7)　昭和 15 年 5 月に 11 代木村玉之助になったが、昭和 26 年 5 月に副立行司に格下げされている。木村玉之助はそれまで立行司の第三席で、第二席の式守伊之助と同様、規定上は「紫白房」だった。しかし、実際にはその紫白房には白糸の混ざり具合に差があった。本章では木村玉之助の房色を「半々紫白」、式守伊之助の

(3)　式守勘太夫（のちの 21 代木村庄之助）

(4)　木村林之助（のちの 22 代木村庄之助）

(5)　木村庄三郎（のちの 19 代式守伊之助）

(6)　木村正直（のちの 23 代木村庄之助）

　本章では昭和 2 年春場所前後の房色や階級を主な関心事にしていることから、その後の行司の出世については詳しく触れない。

2.　木村清之助

　昭和 2 年春場所の木村清之助と式守与太夫は二人とも三役行司である。『春場所相撲号』（昭和 4 年 1 月号）の「行司の階級」では、立行司と三役行司について次のように述べている。

> 「(前略) 紫と紫白と朱総の上位とが草履を履いて土俵に上ることが許され、帯刀御免です。朱総で草履を履いているのは三役格です。草履の履けない朱総と紅白総は幕内格、(後略)」(p.44)[8]

　これに基づくと、三役行司は朱房で、草履を履くことが許されている。昭和 3 年施行の相撲規約によると、幕内行司と朱房行司が幕内力士（すなわち前頭）と関脇（小結を含む）に対応するが、朱房行司がどの力士に対応するか、必ずしも明確でない。しかし、次の記述は参考になる。この規

　房色を単に「紫白」または「真紫白」と呼んでいる。これに関しては、たとえば拙著『大相撲立行司の軍配と空位』や『大相撲立行司の名跡と総紫房』でも扱っている。

8)　これは大正時代の行司の階級と房色を正しく反映している。朱房に草履を履いた「三役」とそうでない「幕内」を認めているし、「幕内」には紅白房がいることも認めている。しかし、それは昭和 2 年春場所の行司の実態とは相いれないものである。

約には、草履についても帯刀についても明記されていない。[9]

・「寄附行為施行規則」第 25 条（昭和 3 年 5 月）
　「総紫は横綱に、紫白総は大関に、紅白および朱総の行司は幕内より
　　関脇までの力士に対等し、足袋格の行司は十両格の力士に対等するも
　　のとする」

　この規定では幕内力士、小結、関脇に対等する行司の房色があいまいで
ある。たとえば、朱房行司の上限が関脇であることは明記されているが、
それ以下の力士についてはどの行司がどの力士に対等するか明記されてい
ない。草履を履かない朱房行司はどの力士に対等するのだろうか。小結だ
けだろうか、それとも前頭にも対等するのだろうか。前頭を含むとすれば、
どの枚数までなのだろうか。紅白房の行司が幕内力士（前頭）に対等する
ことは予測できるが、どの枚数までの力士に対等するのだろうか。このよ
うに、規定では行司と力士の対等関係がわかりにくい。草履を履いた朱房
行司は三役力士に対応するが、その履物は規則に明記されていない。規則
以外の要素（たとえば草履）によって、それを履いた朱房行司が三役力士
に対応することがわかる。規則によれば、上限の「関脇」がその力士に相
当するが、「小結」を含むかどうかは必ずしも明確ではない。その「小結」
は規則に明記されていないからである。小結が三役力士であることから、
草履の朱房行司がその力士にも対応するだろうと推測するだけである。履
物を除けば、朱房は三役力士と幕内力士のそれぞれに対応している。とこ
ろが、その履物（つまり草履）が規則に明記されていない。[10]

9)　朱房行司や三役行司と相撲規定については、拙著『大相撲行司の軍配房と土俵』
　　の第 5 章「草履の朱房行司と無草履の朱房行司」で詳しく扱っている。

10)　なぜ朱房行司が三役行司と幕内力士に対応するように規則に明記されているだ
　　ろうか。すなわち、朱房行司は三役力士に、紅白房行司は幕内に、それぞれ対応
　　すると明記しなかったのだろうか。それにはもちろん、軍配房色の変遷と力士階
　　級の変遷が深く関係している。たとえば、以前は、房色の朱が最高位だったし、
　　大関が最高力士だった。明治末期に「紫房」が最高位になり、横綱が最高位の階

昭和3年5月の規則は、大正末期までの実態をそのまま反映している。昭和2年以降昭和14年までその規則が残っているのは、それを改変する機会を失っていただけなのかもしれない。昭和2年以降の実態はその規則に合致していないからである。朱房が三役力士に、紅白房が幕内力士に、それぞれ対応すると明記してあるのは、昭和14年の規則である。

　『夏場所相撲号』（大正10年5月号）の「行司さん物語―紫総を許される迄」には、次のような記述がある。[11]

・「関脇の格で朱総に草履を許されているのをみても（後略）」（p.103）

・「関脇格になりますといよいよ土俵で草履が許され、軍扇には朱総を用いますが格式は一段上って来まして、本来なれば土俵で帯刀するのが正当なのでありますが、いろいろの都合上略しております。現在ではこの位置におりますのが、不肖等三名（与太夫、勘太夫、錦太夫）と大蔵でありますが、（後略）」（p.105）

草履を履けない朱房行司は小結に対応している。

・「（前略）いよいよ三役並みとして小結の格式がつき、軍扇の総も紅白でなく朱総を許されるようになり、（中略）庄三郎、瀬平、左門の三名であります。」（pp.104-5）

級になった。行司の場合、その房色とともに履物（足袋や草履）や装束（立行司の熨斗目麻裃）が地位と関係するようになっている。
11)　これを模したと思われる記事に『相撲道』（昭和9年11月号）の「行司の修練と見識」（pp.15-7）がある。小結格の行司は朱房で草履を履いていないが、関脇格の行司は朱で草履を履いている。小結格は「三役並み」だが、関脇格は「三役」である。この「三役並み」が「幕内上位行司」とまったく同じなのか、それとも異なるのかが、明白でない。大正11年ごろにはその行司数も多くなっている。本書では同じ階級として捉え、「幕内上位行司」として扱っている。

　これによれば、草履を許された朱房行司は関脇に対応している。そうなると、草履を許されない朱房行司は小結に対応する。この対応関係は言葉足らずだったかもしれない。というのは、行司と力士の対応関係を見ると、三役力士を二つに分けることはなかったはずだからである。朱房で草履を履けない行司は「幕内朱房行司」あるいは「幕内上位行司」であり、階級としては「小結」に対応していなかった。しかも「幕内上位行司」は数も多い。明治時代でも草履を履けない朱房行司はいたが、階級としての三役行司の下は「幕内行司」だった。[12] 少なくとも明治末期にはそうなっていた。[13]

　この「行司さん物語」にあるように、文字通り、草履をはける三役行司が関脇に、草履を履けない朱房行司が小結に、それぞれ対応しているならば、そういう対応関係が本当にあったのか、検討する必要がある。本書では行司と力士の対応関係を厳密に規定せず、草履を履かない朱房行司は全員、階級としては「幕内行司」だとしている。すなわち、「三役行司」の下の階級とする。

　大正期の小泉葵南著『お相撲さん物語』（大正 6 年）でも「三役以下の

---

12)　草履を履かない朱房行司が階級として「幕内行司」であることは、『都新聞』（明治 44 年 6 月 17 日）の 17 代式守伊之助談「行司になった四十四年」でも確認できる。それには、草履を履く朱房行司は「三役格」で、草履を履かない朱房と紅白房は「幕の内」とある。幕内行司には「本足袋朱房」と「本足袋紅白房」がいたことになる。「幕内行司」を二つに分けるのは大正末期まで続いていた。本書はこの分け方に従っている。「行司さん物語」の草履を履かない朱房行司に対応するのが「小結格」を意味するなら、その分け方には従わないことになる。おそらくこの分け方は「階級」ではなく、待遇面のことを指しているのではないだろうか。階級としては三役行司の下は幕内行司であり、三役行司を二分するような階級は当時でもなかったはずである。大正末期までは、草履を履けない朱房は「幕内格」であった。

13)　朱房が最高色だった頃は「三役」の意味が異なることがあるので、草履を履かない朱房行司が「幕内」だったとは一概に言えない。今のところ、草履を履いた朱房行司とそうでない朱房行司をどのような区分けしていたかは不明である。草履を履いていた朱房行司が「三役」扱いだったことは確かだが、そうでない行司に関してははっきりしない。今後、吟味する必要がある。

ものは足袋である」（p.227）とある。「三役並み行司」は草履を履かないので、階級的には「三役行司」の下、つまり「幕内行司」である。待遇が「三役並み」なので、三役力士の関脇と小結を区別し、それぞれに対応するとあえて語ったのかもしれない。「三役並み行司」が本書の「幕内上位行司」と同じなら、対応する力士は小結や前頭の上位陣である。実際、当時、庄三郎、瀬平、左門に続いて、朱房行司は他にも鶴之助と錦之助がいた。「幕内上位行司」の中にも「三役並み行司」とそうでない行司の区分けがあったのかどうか不明である。たとえ、あったとしても、「三役並み行司」を一つの階級として扱うことはなかったはずだ。

　ここまで記述してきた朱房行司の記述が正しいとすれば、実は、昭和2年春場所とそれ以降、草履を履いた朱房行司は不在だったことになる。というのは、木村清之助も式守与太夫も朱房行司だったが、草履を履いていないからである。草履を履いていないことから、帯刀もしていない。[14]

・木村清之助が草履を履いていない写真。

　房色はモノクロ写真では黒色で、具体的にどの色かは判別できない。しかし、他の文字資料から朱房である。

（1）　小野川と出羽ヶ嶽の取組（6日目）、昭和2年春場所、『近世日本相撲史（1）』の口絵。清之助は足袋だけ。

（2）　能代潟と山錦の取組（8日目）、昭和2年春場所、『夏場所相撲号』（昭和2年5月号）の口絵。清之助は足袋だけ。

14）　十両以上の行司は明治43年5月の行司装束改正のとき、脇差（短刀、小刀、木刀、木剣、鎧通し）を携帯できたが、大正10年5月頃にはそれは事実上廃止されている。当時、十両以上が小刀を携帯する「慣わし」はもう生きていない。文献の中には当時でも小刀の携帯を認めるものもあるが、それは事実を確認せず、明治末期の新聞に記述されていることをそのまま受け入れているだけでかもしれない。

(4)　玉錦と小野川の取組（初日）、昭和 2 年夏場所、『近世日本相撲史（1）』の口絵。清之助は足袋だけ。

(5)　朝響と常陸岳の取組（9 日目）、昭和 3 年春場所、『夏場所相撲号』（昭和 3 年 5 月号）の口絵。清之助は足袋だけ。

　錦太夫（のちの 7 代与太夫、16 代伊之助）は大正 15 年春場所までは草履を履いていない。その翌夏場所には三役行司になり、草履を履いている。この夏場所の番付では 2 人の立行司とともに最上段に記載されている。錦太夫は大正 15 年 5 月場所で三役行司に昇進し、昭和 2 年春場所でもそのまま三役行司である。番付以外に、この錦太夫改め与太夫（7 代）が草履を履いていたことを裏づける証拠はない。雑誌の口絵に取組を裁いている[15]写真があるが、残念なことに、足元がぼやけている。

(1)　若葉山と出羽ヶ嶽の取組（11 日目）、大正 15 年春場所、『夏場所相撲号』（大正 15 年 5 月号）の口絵。錦太夫は朱房で、足袋だけ。

(2)　若葉山と玉錦の取組（5 日目）、大正 15 年夏場所、『春場所相撲号』（昭和 2 年 1 月号）の口絵。錦太夫の軍配房の色は不鮮明で、どの色

---

15)　夏場所で最上段に記載され、三役の地位に上がっているにも関わらず、草履を許されていないとすれば、制度が変更されていたかもしれない。もう一つの可能性は、翌場所から三役行司は草履を履かないことになっていたことから、あえて 5 月場所は草履を履かないことにしたかもしれない。幕内上位朱房行司や紅白房行司に大正 15 年 5 月場所まで制度上の変更はなにもされていないことから、本書ではあえて錦太夫は草履を履いていたと判断している。参考までに、一枚上の前の与太夫（6 代）は大正 15 年 1 月場所、大ノ里と大蛇山（2 日目）の取組で、草履を履いて裁いている。これは『相撲画報』（大正 15 年 5 月号）の口絵で確認できる。錦太夫（のちの 7 代与太夫）はその地位についていることから、草履を履いていたと推定できる。錦太夫の前の 6 代与太夫は草履を履いていたが、それは大正 3 年春場所に許されている。

かは判別できない。足元も不鮮明で、草履を履いているのか、足袋だけなのか判別できない。しかし、番付に初めて最上段に記載されていることから、草履だったと推定する。この推定が正しければ、大正末期まで三役は草履を履いていたことになる。

この与太夫（7代）が大正15年5月場所に三役格になり、草履を履いていたなら、昭和2年春場所では草履をはく奪されたことになる。これは地位を下げられたわけでないので、木村清之助と同じように、「はく奪」という言葉は適切でないかもしれない。たまたま制度上、三役行司は草履を許されなくなっただけである。

(1)　出羽ヶ嶽と大蛇山の取組（3日目）、昭和2年春場所、『大相撲夏場所号』（昭和2年5月号）の口絵。与太夫は足袋だけ。

(2)　真鶴と玉錦の取組（10日目）、昭和3年春場所、『夏場所相撲号』（昭和3年5月号）の口絵。与太夫は足袋だけ。

昭和2年春場所、朱房行司は草履を履いていないにもかかわらず、「三役行司」と呼ばれている。なぜそのようになったのかは不明である。裏づける資料はないが、おそらく、合併相撲で行司の順位を決めたとき、草履を履ける朱房行司と草履を履けない朱房行司をなくし、朱房行司を三役行司としたのかもしれない。そうでなければ、昭和2年には朱房行司はいても、「三役行司」はいなかったことになる。しかし、実際には「三役行司」はいたし、誰一人として草履を履いていないのである。しかも、草履を履

---

16)　第三席の立行司になったという資料がないことから、軍配房は朱房だったと推定している。

17)　清之助は第二席で紫白房だったが、三役に格下げされ、朱房に格下げされている。昭和2年春場所以降は、三役行司は制度上、草履を履けなくなっているので、草履をはく奪されたというわけでもない。与太夫は地位も房色も以前と同じであり、格下げされているわけはない。

かない朱房行司は「三役行司」であり、それは昭和34年11月まで続いている。

　昭和22年6月に三役行司のうち、木村庄三郎と木村正直に草履が許されている（「格草履」と呼ぶことがある）が、これはあくまでも特例であり、例外である。[18] これが例外であるのは、昭和14年5月の規定で朱房の三役行司は三役力士に対応するだけとなっているからである。三役行司は基本的に草履を履かなかったはずだ。実際、昭和22年6月まで、三役行司は誰一人として草履を許されていない。要するに、三役行司は常に草履を履くのではなく、それを履くには特別の許しがなくてはならない。三役になれば、それに付随して草履が履けたわけではないからである。三役行司は昭和22年6月以降も昭和34年11月まで草履を誰も許されていない。

3.　式守勘太夫

　式守勘太夫は大正末期、朱房だった。昭和2年春場所も朱房だったのだろうか。それとも格下げされ、それに伴い紅白房になったのだろうか。これを巡って、拙著では少しブレがあった。拙著『大相撲行司の伝統と変化』の第8章「昭和初期の番付と行司」と『大相撲の神々と昭和前半の三役行司』の第5章では、春場所は朱房であり、三役行司としている。すなわち、格下げはしていないとしている。実は、これは間違った指摘だったことが

18）　木村庄三郎と木村正直は草履を許されているが、三役の朱房はそのままだった。庄三郎は昭和26年5月に副立行司になっているので、そのとき「半々紫白」になった。また木村正直は昭和26年9月に副立行司になっているので、そのとき「半々紫白」になった。立行司の木村玉之助の房色は式守伊之助と規定上同じ「紫白」だったが、実際は木村玉之助の房色は「半々紫白」だった。木村玉之助の地位が一枚格下げされ「副立行司」になったが、やはり「立行司」という扱いになっていた。『行司と呼出し』（昭和32年、p.66）にもあるように、副立行司の木村玉之助と木村正直は「紫と白の染め分け」の房を使用していたのである。この「紫と白の染め分け」は本章の「半々紫白」であり、式守伊之助の「真紫白」と少し違う房色である。

最近、わかった。春場所は「幕内」に格下げされ、紅白房である証拠があるのである。

　大正 15 年春場所、(与之吉改め) 勘太夫が取組を裁いている写真がある。三役行司が草履を履いていないことを示す貴重な写真である。その資料を示しておく[19]。

・玉錦と大蛇山の取組（5 日目）、大正 15 年春場所、『夏場所相撲号』（大正 15 年 5 月号）の口絵。行司・（与之吉改め）勘太夫は足袋だけ。

　この写真では、房色と履物は暗すぎて判別できない。しかし、上位の錦太夫と鶴之助が裁いている写真があり、勘太夫は朱色で、草履を履いていなかったことが推測できる。

（1）　若葉山と出羽ヶ嶽の取組（5 日目）、大正 15 年春場所、『夏場所相撲号』（大正 15 年 5 月号）の口絵。行司・錦太夫（のちの 7 代与太夫、16 代伊之助）は足袋だけ。草履を履いていない。一枚下の勘太夫（与之吉）は足袋だけ。

（2）　能代潟と出羽ヶ嶽の取組(9 日目)、大正 15 年春場所、『夏場所相撲号』（大正 15 年 5 月号）の口絵。行司・鶴之助は足袋だけ。草履を履いていない。この鶴之助は大正 15 年夏場所後に辞職している。

（3）　清瀬川と福柳の取組（11 日目）、大正 15 年春場所、『夏場所相撲号』（大正 15 年 5 月号）の口絵。行司は錦太夫で、足袋だけ。

---

19)　大正末期の相撲雑誌の口絵では行司名が書いてないことがある。その場合は、取組む力士名と星取表と取組表を参考にすることで、取組日と行司名を割り出すことができる。大正 14 年夏場所以降は取組表に行司名も記すようになっているからである。

(4)　山錦と大蛇山の取組（初日）、大正 15 年春場所、『相撲画報』（大
　　 正 15 年 5 月号）の口絵、行司は錦太夫で、足袋だけ。

(5)　大蛇山と白岩の取組（10 日目）、大正 15 年春場所、『夏場所相撲号』
　　 （大正 15 年 5 月号）の口絵。行司は誠道で、足袋だけ。[20]

　大正 15 年春場所までは、錦太夫は鶴之助より一枚下だった。鶴之助よ
り下位に錦太夫、勘太夫、林之助、庄三郎、誠道がいるが、全員それぞれ
足袋である。鶴之助が足袋なのに、下位の行司が草履を履くことはない。
鶴之助は大正 15 年 5 月場所も足袋だけである。この場所は錦太夫が鶴之
助の上になり、最上段に記載されている。いわゆる抜擢人事だが、その理
由は不明である。

　・ 清水川と出羽ヶ嶽の取組（2 日目）、大正 15 年夏場所、『春場所相撲号』
　　 （昭和 2 年 1 月号）。行司は鶴之助で、足袋だけ。

　これからわかるように、勘太夫や庄三郎は大正末期、「三役行司」にな
ったと語っているが、草履を履いていないことがわかった。[21] 勘太夫と庄三
郎は「三役行司」になったとしても、草履を履かなかったことになる。そ
うなると、三役行司はいつから、草履を履かないことを決めたのか、気に
なるが、それは、今のところ、不明である。錦太夫（のちの与太夫）は大
正 15 年夏場所の番付を見るかぎり、「三役行司」である。[22]

20)　誠道は庄三郎より一枚下なので、勘太夫の地位や房色とは直接関係ない。庄三
　　 郎の地位や房色を考慮するとき、参考になるので、ここで提示しておくことにし
　　 た。
21)　たとえば、21 代庄之助は自伝『ハッケヨイ人生』で、19 代伊之助は自伝『軍
　　 配六十年』で、それぞれ大正末期に三役行司になったと語っている。当時の「三役」
　　 が草履を履かないのであれば、話は異なる。
22)　番付では一段目に立行司とともに記載されている。その段では、普通、立行司
　　 と三役行司が記載される。15 年春場所の番付では、錦太夫は二段目に記載されて

勘太夫は昭和2年春場所、紅白房で草履を履いていないが、翌夏場所は三役行司になり、房色も朱房になっている。草履は履いていない。

(1)　清瀬川と外ヶ浜の取組（6日目）、昭和2年春場所、『夏場所相撲号』
　　（昭和2年5月号）の口絵。勘太夫の軍配房は紅白。足袋だけ。

(2)　大蛇山と錦城山の取組（5日目）、昭和3年春場所、『夏場所相撲号』
　　（昭和3年5月号）の口絵。勘太夫の軍配房は朱。足袋だけ。

(3)　信夫山と幡瀬川の取組（8日目）、昭和4年春場所、『夏場所相撲号』
　　（昭和4年5月号）の口絵。勘太夫の軍配房は朱。足袋だけ。

　写真はモノクロだが、紅白の場合は白が混じっていて、黒一色の朱と区別できる。勘太夫は昭和2年春場所で紅白なので、朱房から格下げされていたことがわかる。夏場所以降に朱房になったことは、文字資料でも確認できる。それをいくつか示す。

(1)　「22代庄之助一代記（第10回）」(1979年〈昭和54年〉5月の番付)。

　　「立行司　　　木村庄之助、式守伊之助、木村玉之助
　　 三役格行司　木村清之助、錦太夫改め式守与太夫
　　 幕内格行司　式守勘太夫、木村林之助、木村玉光、木村庄三郎、木村
　　　　　　　　　誠道、木村正直」(p.144)

　この番付では勘太夫は幕内行司の筆頭になっている。三役行司には入っていない。ということは、紅白房に格下げされていたことになる。これは同僚だった林之助が書いているので、階級は正しいに違いない。

────────────────────────────

　　いることから、その場所では朱房の「幕内上位行司」だったに違いない。

(2)　『近世日本相撲史（2）』

　勘太夫は大正 11 年夏場所、幕内格に、昭和 2 年夏場所、三役格になっている（p.9）。[23]

　この記述では確かに昭和 2 年夏場所、三役行司になっているが、その前はずっと紅白房だったような印象を受ける。大正 11 年夏場所の「幕内格」は「幕内上位行司」あるいは「幕内朱房行司」のことで、そのとき房色も朱になっている。昭和 2 年春場所は紅白房に格下げされたが、昭和 2 年夏場所に朱房に戻っている。大正末期まで草履を履かない朱房行司は、ときには「幕内格」と呼ばれる。[24]

(3)　『国技大相撲』（アサヒ・スポーツ、昭和 16 年 5 月）の加藤隆世筆「行司を語る」（p.33）

　　「彼（21 代木村庄之助：本章）は昇進運においては幸運時というべきで、昭和 2 年緋房を許されて三役格となり、（後略）」

　この記述では春場所の房色は書いてないが、夏場所に朱房になっていることから、春場所は紅白だったと推測できる。このような推測が正しいとわかるのは、春場所の写真で勘太夫が紅白房だったという証拠があるからである。それがないと、もうすぐ朱房になるし、混乱期でもあったことから、大正末期の朱房をそのまま使用していたかもしれないという解釈も成り立つ。[25]

---

23)　これはそこで書かれていることを要約したものである。引用ではない。

24)　草履を履かない朱房行司なので、階級的にはもちろん「幕内格」である。林之助はよくこの「幕内格」を使用しているが、与之吉（のちの勘太夫、21 代庄之助）と玉治郎（のちの庄三郎、19 代伊之助）は「幕内格」だったとはほとんど語っていない。その代わり、「朱房」をよく使う。この「朱房」が混乱を招く大きな要因となっている。昭和 2 年以降、朱房は全員「三役格」になったからである。

25)　実際、幕内行司はないが、十両行司が幕下行司に格下げされたとき、本来なら

(4) 「22代庄之助一代記（第9回）」、1979年（昭和54年）3月。

「（前略）大正15年春、4代目勘太夫を襲名、昭和2年夏、三役格、13年春、14代木村玉之助、14年春、17代式守伊之助、15年夏、21代木村庄之助と、とんとん拍子に出世。」（p.147）

　これにも大正15年春場所に勘太夫を襲名したことは記載されているが、どの房色だったかは不明である。昭和2年春場所、勘太夫が幕内に格下げされたとき紅白房だったのか、それとも朱房だったのか、不明になっている。しかし、昭和2年夏場所には三役行司になっているので、朱房になったことはわかる。大正11年1月に勘太夫（当時は与之吉）は「幕内上位行司」（あるいは幕内朱房行司）になっていることから、それ以降ずっと朱房だったと間違って判断している。

(5) 『夏場所相撲号』（昭和2年5月号）の「相撲界秘記」[26]

　素足になるが、特例として足袋の使用を許可したという噂もある。これは『大相撲画報』（昭和35年5月）の彦山光三筆「大相撲太平記（21）―昭和動揺期編〈"合体"初の春場所〉」の中で記されている。たとえば「十両格から幕下格へさげられた行司に土俵足袋をゆるした、これを格足袋ととなえた――などという説もある」（p.40）。このような特別な計らいが十両だけでなく、格下げされた幕内行司にも何らかの特別扱いがあったかもしれないという思いがあり、軍配房の色の判断にも迷いがあった。しかし、当時の写真を見るかぎり、軍配房の色に特別の計らいなどはなかったことが判明した。

26)　この「相撲界秘記」を引用した記事は『大相撲太平記（21）』の彦山光三筆「昭和動揺期編―"合体"初の春場所」（p.41）にも見られる。勘太夫は地方巡業で紫白房を用いているが、朱房であれば横綱土俵入りを引くとき、一枚上の紫白房を許されていた。勘太夫は夏本場所の前、すなわち春巡業から朱房を許されていたことになる。朱房を許されたのが春本場所だったのか、それとも夏本場所だったのかを巡り、悩んできたが、実際は春本場所の直後だったことになる。それを確実なものにしたのは、文字資料というより写真資料だったことになる。

「（春場所後：本章補足）西ノ海の組合は、朱房の勘太夫が、特に地方
だけの紫白行司になって——こうした例は、今の伊之助が錦太夫時代
にもありましたが——中略）参加しますし、（後略）」（p.122）

この記事によれば、春場所後の地方巡業では朱房になっている。私は春
場所の巡業であれば、春場所にも朱房だったに違いないと判断し、勘太夫
は春場所も朱房だったと判断した。したがって、勘太夫は三役行司の一人
だと判断した。実は、これが大きな誤りだったわけだ。おそらく、春場所
直後に朱房を許されたに違いない。そうでなければ、地方巡業に朱房で裁
くことはなかったはずだからである。[27] 紅白房の写真がここでも大いに役立
った。証拠となる写真がなければ、文字資料を誤って解釈する可能性があ
るからである。

拙著『大相撲の神々と昭和前半の三役行司』の第 4 章「行司の昇進年月」
でこの式守勘太夫の幕内格と三役格の扱い方に誤りがある。

・誤った記述：幕内は大正 3 年 5 月。三役は大正 15 年 1 月、それに昭
　和 2 年 1 月の合併で三役復帰した。

これは、次のように訂正しなければならない。

・正しい記述：紅白の幕内（本足袋）は大正 3 年 5 月、朱房の「幕内

---

27) 地方巡業などでは行司の本来の房色より一枚上の房色を使用することができた
　ようだ。それで、朱房の一枚上の紫白房を使用し、横綱土俵入りを引くことがで
　きた。たとえば、拙著『大相撲行司の伝統と変化』の第 8 章「昭和初期に番付と
　変化」（p.257）では式守勘太夫に春巡業で朱房が許されていることから、春本場
　所にはすでにその朱房を許されていたに違いないと判断してしまった。しかし、
　これは写真資料で間違った判断であったことがわかった。おそらく、春本場所の
　直後に朱房は許されたに違いない。そうでなければ、春巡業で朱房を使用するこ
　とはできなかったはずだ。

上位行司」は大正 11 年 1 月、それに昭和 2 年 1 月の合併で紅白の幕内に格下げになり、翌夏場所に朱色の「三役行司」になった。

　これまでの拙著では昭和 2 年春場所でも朱房の使用を継続していたと記述しているが、それは明らかに間違っていた。勘太夫は春場所に紅白房に格下げされ、夏場所に朱房を戻ったのである。春巡業で紫白房を使用しているので、春場所直後に朱房を許されたに違いない。当時は、巡業の横綱土俵入りでは一段上の房色を使用することができたからである。

4.　木村林之助

　木村林之助は大正 14 年 1 月場所、朱房の幕内上位行司だったが[28]、昭和 2 年春場所には幕内に格下げされ、紅白になっている[29]。紅白房で裁いている写真がある。

（1）　大正 15 年 1 月場所、三杉磯と福柳の取組（8 日目）、『夏場所相撲号』

---

28)　『春場所相撲号』（大正 13 年 5 月号）の江口福来筆「名古屋の春場所を中心として」の中に「大阪協会の行司というものは、人数の少ないせいでか、出世が早い。東京ならば 24, 5 年も行司をしていないと朱房になれないのであるのに、大阪では、14, 5 年で、朱房になれる。だから大阪の錦太夫（林之助：本書注）なども、東京の紅白行司の首席ほどの修業もしていないのであって、且つ東京の行司は従来東京大相撲のため、相当に功労があったのに、これまで東京大相撲に、何らの功労のない大阪の行司が、突然やって来て自分たちの上にいるということは、東京の行司として我慢のできない話である。」（p.109）とある。

29)　木村林之助が大正 14 年 1 月、朱房だったとするのは、彼の地位と他の行司の房色を考慮して判断している。林之助より下位の庄三郎は大正 14 年 1 月に朱房になっているし、誠道は 14 年 2 月（免許の日付）に朱房になっている。免許は本場所の後で到着している。東京に来る前の大阪相撲では朱房だったことは確かだ。しかし、東京相撲に移ってきたときは他の行司も考慮しなければならないので、大阪相撲の朱房は直接的には関係ない。東京相撲での地位をどこにするかによって房色も変わる。

（大正 15 年 5 月号）の口絵。木村林之助は朱房。黒色で写っている。
足袋を履いている。

(2)　昭和 2 年 5 月春場所、常陸山と吉の山の取組（6 日目）、『夏場所相
　　撲号』（昭和 3 年 1 月号の口絵）。林之助は紅白房。

(3)　昭和 3 年春場所、大蛇山と錦城山の取組（5 日目）、『夏場所相撲号』
　　（昭和 3 年 5 月号の口絵）。林之助は紅白房。

(4)　昭和 3 年夏場所、春ノ海と新海の取組（初日）、『近世日本相撲史 (1)』
　　の口絵。林之助は紅白房。

(5)　昭和 4 年春場所、武蔵山と大邸山の取組（2 日目）、『夏場所相撲号』
　　（昭和 4 年 5 月号の口絵）。林之助は紅白房。

(6)　昭和 4 年夏場所、幡瀬川と天竜の取組（6 日目）、『春場所相撲号』（昭
　　和 5 年 1 月号の口絵）。林之助は紅白房。

(7)　昭和 4 年夏場所、朝潮と出羽ヶ嶽の取組（3 日目）、『近世日本相撲
　　史 (1)』の口絵。林之助は紅白房。

　林之助が紅白房だったことを示す写真証拠があれば、文字資料はそれを
補強するだけである。林之助本人は大正末期、朱房だったことを明確に述
べていないが、朱房だったことは確かである。大正 14 年 1 月場所番付と
5 月場所番付では、林之助は庄三郎や誠道の上位に記載されている。[30] 庄三

---

30)　『大相撲の神々と昭和前半の三役行司』の第 4 章「行司の昇進年月」(p.118) で、
　　誠道（前名・藤太郎）の幕内昇格年月を昭和 2 年 1 月としているが、実はその前
　　に大正 7 年春場所に幕内行司なっている。それを記載していない。さらに、大正
　　11 年 1 月に朱房になっているが、それが昭和 2 年 1 月の紅白房の後に記載され

郎と誠道は当時朱房だったので、上位の林之助はもちろん朱房だったこと
は確かである。なお、誠道が朱房を許された大正 14 年 2 月付の免許は、
たとえば、拙著『大相撲の歴史に見る秘話とその検証』の第 7 章「大正末
期の三名の朱房行司」（pp.183-4）に掲示されている。[31]

　林之助は大阪相撲出身の行司で、東京相撲の番付に正式に記載されたの
は大正 14 年春場所である。[32]林之助は「幕内」のどんジリだったと述べて
いるが、房の色については述べていない。しかし、その房色は朱だったに
違いない。[33]それについては、たとえば拙著『大相撲の歴史に見る秘話とそ
の検証』の第 7 章「大正末期の三名の朱房行司」（pp.183-4）でも詳しく
扱っている。ここでは、玉治郎と位置関係に言及している資料を一つだけ
取り上げることにしよう。

ている。その順序は逆である。本章と直接関係ないが、この機会に訂正しておき
　　たい。

31）　木村誠道の緋房（朱房）免許の実物は、両国国技館内の相撲博物館に保管され
　　ている。

32）　林之助は大正 14 年春場所に記載されるまで、いろいろごたごたがあった。そ
　　のあいだ、出羽海部屋で待機していた。この辺の事情は、たとえば『夏場所相撲号』
　　（大正 13 年 5 月号）の江口福来筆「名古屋の春場所を中心として」、自伝『行司
　　と呼出し』、『大相撲画報』（昭和 33 年 12 月号）の「大相撲太平記 (13)」、『大相撲』
　　の「22 代庄之助一代記」などでも知ることができる。なお、林之助が番付に載っ
　　たのは大正 14 年春場所だが、大正 13 年 5 月場所の 2 日目に初登場している。こ
　　れは『東京朝日新聞』（大正 13 年 5 月 18 日）の「行司に椅子やれ」で確認できる。
　　それには「林之助は二日目から初登場した」とある。

33）　本書の第 7 章では、木村林之助は大正 8 年 5 月に幕内上位行司（朱房）になっ
　　たとしている。明治 45 年 1 月に紅白房になっているからである。なお、『大相撲』（昭
　　和 16 年 1 月号）の「行司紹介」（p.65）で「紅白幕内」とあるが、それは本書の「幕
　　内上位行司」（朱房）に相当する。松翁（20 代庄之助）も『夏場所相撲号』（昭和
　　10 年 5 月）の 20 代木村庄之助談「行司生活五十年」（p.79）で「明治 42 年土俵
　　上紅白の軍配総を許さる」とあるが、なぜそのような表現になっているのか不明
　　である。20 代庄之助（松翁）は明治 35 年 1 月に紅白房（幕内）を、明治 42 年
　　夏に朱房を、それぞれ許されているからである。

（1）　『大相撲』（昭和 54 年 3 月）の「22 代庄之助一代記（9）」

　　「私（木村林之助：本章補足）が幕内格のどんジリで、私のすぐ下が
　　十両最上位の木村玉治郎だった。のちのいわゆる "ヒゲの伊之助" で
　　ある。この人は（中略）明治 33 年夏場所、木村金吾の名乗りで初土
　　俵を踏み、大正 2 年夏に玉治郎となった。このすぐ後の大正 15 年春、
　　木村庄三郎を襲名して幕内格に上がり、昭和 10 年の夏、三役格、26
　　年秋 19 代式守伊之助となった。」

　幕内行司であれば当然紅白房だが、当時、草履を履かない朱房行司も「幕
内行司」だった。朱房は即「三役行司」ではなかった。その意味で、林之
助は「幕内格」と書いているはずだ。木村庄三郎も大正 14 年春、幕内上
位行司（あるいは「幕内朱房行司」）になっているので、林之助はこれを「幕
内格」と書いている。この「幕内格」は朱房である。これから推量すれば、
「幕内格のどんジリ」の「幕内格」は朱房だったのである。玉治郎は大正
14 年春場所、紅白の「幕内格」であり、林之助が書いている「十両格」（格
足袋）の「青白房」ではなかった。大正 4 年 11 月には幕内格（本足袋）
の「紅白房」を許されていた。この紅白房を許す免許状は『軍配六十年』
の「伊之助思い出のアルバム」の中で見ることができる。林之助がなぜ大
正 14 年春場所、玉治郎を「十両格」（格足袋）だと書いているのか、今
でも不思議である。当時でも、紅白房の行司は「幕内行司」（本足袋）だ

---

34)　ヒゲの伊之助（玉治郎）は大正 14 年春場所、朱房行司になっているので、なぜ「十
　　両」として語っているのか不明である。行司の呼称に変化があったにしても、朱
　　房行司が「十両」扱いされることはないはずである。

35)　木村林之助の語る「幕内格」は必ずしも「紅白房」を意味していないかもしれ
　　ない。当時は、草履を履く朱房行司を「三役行司」、草履を履かない朱房行司を「幕
　　内格」として区別することもあったからである。この辺の事情については、たと
　　えば『大相撲の歴史に見る秘話とその検証』の第 7 章「大正末期の三名の朱房行司」
　　や『大相撲行司の軍配房と土俵』の第 5 章「草履の朱房行司と無草履の朱房行司」
　　でも扱っている。

ったからである。

5.　木村庄三郎

　庄三郎が昭和2年春場所の取組で裁いている写真は見つからないが、林之助の下位であることから「紅白房」だったことは確かである。[36]

(1)　昭和3年1月場所、男女の川と雷ノ峰の取組（6日目）、『夏場所相撲号』（昭和3年5月号の口絵）。庄三郎は紅白房。

(2)　昭和3年1月場所、剣岳と常陸嶽の取組（6日目）、『夏場所相撲号』（昭和3年5月場所の口絵）。庄三郎は紅白房。

(3)　昭和4年1月場所、大蛇山と荒熊の取組（5日目）、『夏場所相撲号』（昭和4年5月場所の口絵）。庄三郎は紅白房。

　自伝『軍配六十年』の「系譜」では、行司歴が次のようになっている。

　「・大正4年（1915）夏、本足袋、幕内格行司に昇進。
　　・大正14年（1925年）春、三役行司に昇進。
　　（中略）
　　・昭和22年（1948）夏、草履を許さる。」（p.158）

　大正15年春場所の写真があり、それには足袋を履いている。

(1)　大正15年1月場所、池田川と外ケ濱の取組(5日目)、『夏場所相撲号』

---

36)　春場所の写真はいくつかあるが、庄三郎として判別できない。もし今後見つかることがあれば、軍配房は間違いなく紅白である。同時期に、同じ行司が朱房と紅白房を使用することはないからである。

（大正 15 年 5 月号）の口絵。庄三郎は足袋だけ。

(2)　大正 15 年 1 月場所、三杉磯と柏山（初日）、『夏場所相撲号』（大
　　正 15 年 5 月号）の口絵。庄三郎は足袋だけ。

　庄三郎より上位の行司が三役格になっていないことから、庄三郎は大正
14 年春、三役格に昇進していなかったとするのが自然である。大正 14 年
春場所、朱房だったことは間違いない。昭和 2 年春場所は朱房から紅白房
に格下げされている。自伝『軍配六十年』の「三役行司」は、朱房の「幕
内上位行司」を表しているのかもしれない。昭和 2 年以降、朱房と「三役
行司」が同じだったことから、それに合わせて「三役行司」を使用したの
かもしれない。
　『春場所相撲号』（大正 15 年 1 月号）の口絵に大正 14 年夏場所の取組
を掲載した写真がある。[37] その中に行司の履物を確認できるものがあるので、
参考までに、いくつか示しておく。全員、足袋だけである。

(1)　錦太夫　　錦洋と槍ヶ嶽（7 日目）
(2)　錦太夫　　錦洋と外ケ濱（9 日目）
(3)　錦太夫　　琴ケ浦と常陸島（9 日目）
(4)　鶴之助　　大蛇山と福柳（2 日目）
(5)　与之吉　　若太刀と太郎山（3 日目）
(6)　与之吉　　小野川と太郎山（5 日目）
(7)　与之吉　　清水川と柏山（6 日目）
(8)　林之助　　吉ノ山と白岩（5 日目）
(9)　誠道　　　琴ケ浦と白岩（4 日目）
(10)　誠道　　　大蛇山と若常陸（千秋楽）

---

37)　雑誌には行司名は記されていない。取組んでいる力士名を頼りに取組表から行
　　司名を割り出している。足元は必ずしも鮮明ではないこともあるが、上位行司や
　　体型などから推測してある。

錦太夫は大正15年夏場所、三役格に昇進し、足袋を履いているが、大正14年夏場所は錦太夫を含め、行司はすべて足袋姿である。十両以上であれば、草履を履かない行司は足袋だけなので、大正15年に足袋であれば、それまではもちろん、足袋である。大正14年夏場所の写真は足元に関する限り、参考資料にしか過ぎない。

6.　昭和2年春場所番付

　これまで拙著では昭和2年春場所の番付として、二つの可能性を提示してきた。それは勘太夫の房色が朱なのか、紅白なのか、判断に迷いがあったからである。

（1）　勘太夫を朱房とする番付
（2）　勘太夫を紅白房とする番付

　ここまで述べてきたように、昭和2年春場所、勘太夫は林之助や庄三郎と同様に紅白だったことがわかった。したがって、春場所の番付は、勘太夫の房色を紅白とするものに軍配が上がることになる。

（1）　昭和2年春場所番付
・三役（朱房）：木村清之助、式守与太夫
　幕内（紅白）：勘太夫、林之助、玉光、庄三郎、…

　春場所では三役行司が2名だった。[38]しかし、5月場所で勘太夫が三役（朱

38）　春場所の番付表では三役行司と紅白行司の区別ができない。二段目には中央の清之助を中心に与太夫、勘太夫、林之助、玉光となっているが、与太夫と勘太夫のあいだに境目らしいものは見当たらない。字の大きさや太さもまったく同じである。与太夫と勘太夫を区別するには、房色のような別の要素が必要である。

房）に昇格したので、3 名になった。

（2）　昭和 2 年夏場所番付
　・三役（朱房）：木村清之助、式守与太夫、式守勘太夫
　　幕内（紅白）：林之助、玉光、庄三郎、…

　この番付が正しいとわかったのは、これまで見てきたように、勘太夫、林之助、庄三郎の房色を写真資料で確認できたからである。
　なお、勘太夫は夏場所に三役格に昇格したが、林之助は昭和 7 年 2 月、庄三郎は 11 年 1 月に、それぞれ三役格に昇格している。もちろん、房色に関する限り、いずれも再復帰である。林之助が三役から立行司の木村玉之助を襲名したとき、上位にいた木村清之助を飛び越している。これは珍しい出来事なので、最初、奇異な感じがしたが、後で、その理由がわかり、納得した。清之助自身が立行司になることを辞退している。三役行司が自分から立行司になることを辞退したのは、初めてのケースかもしれない。清之助の辞退に関しては、林之助が次のように語っている。

（3）　『大相撲』（昭和 54 年 9 月号）の「22 代庄之助一代記（12）」

　　「（私は昭和：本章補足）14 年春に、15 代目木村玉之助を襲名した。このときは順番からいえば清之助さんがなるところだったが、『私はもう年もとっているし、上はのぞまない。私は遠慮するからあんたが玉之助になってしっかりやってくれ』といわれ、私が襲名した。

---

39)　他の行司の昇進年月や房色に関しては、たとえば『大相撲の神々と昭和前半の三役行司』の第 4 章「行司の昇進年月」、『大相撲行司の伝統と変化』の第 8 章「昭和初期の番付と行司」と第 9 章「明治 30 年以降の番付と須佐の色」、『大相撲行司の軍配房と土俵』の第 8 章「大正時代の番付と房の色」などでも扱っている。

40)　行司職を辞めて「年寄」になったり、相撲界から離れていったりする行司は過去にもいたが、立行司の順番が回ってきたのにそれを辞退したという行司は非常に珍しいケースである。

清之助さんは、声もよく、かなりうまい行司だったが、年がいきす
　ぎているところから、三役格あたりで気楽にやりたいということで後
　進に道を開いてくれたわけである。」(p.148)

　この清之助は当時、現役行司の最長老だったらしい。清之助は68歳で
亡くなったが、相撲雑誌の囲み記事でも自ら立行司を断っていたと書いて
ある。

(4)　『相撲と野球』(昭和18年1月号) の「故木村清之助のことなど」

　　「(前略) 木村清之助は明治20年、13歳の折、当時の大阪相撲協会に
　入り、大正2年に大日本相撲協会に転籍、56年間の軍配生活を送っ
　たものである。現役行司の最長老であり立行司としての木村庄之助を
　継ぐべきを、自分は老齢にしてその任にあらずと常に辞退し、緋房の
　行司として後進の指導に当たっていた。立行司の庄之助、伊之助、玉
　之助も皆、氏の後輩に当たっている。」(p.44)

　木村林之助が先輩の清之助を飛び越えて木村玉之助 (12代) を襲名し
たのには、清之助の老齢による辞退ということがあった。当時は定年制が
なかったが、高齢を自覚し、責任の軽い地位を選択したのかもしれない。
　これと似たようなケースは平成24年あたりにもあった。三役筆頭の木
村玉光が39代式守伊之助を襲名するチャンスがあったが、健康上の理由
で辞退を申し出ている。[41] 立行司の任命は理事会が決めるが、おそらく事前
に玉光本人に打診したに違いない。しかし、重要な行事を司る土俵祭など
で支障をきたす恐れがあったため、本人が式守伊之助襲名を二番手の木村
庄三郎に譲っている。人事の進め方は内々で行うので、実際のことはわか

---

41)　この木村玉光の式守伊之助襲名辞退に関しては、たとえば拙著『大相撲行司の
　　房色と賞罰』の第8章「行司の入れ替え」でも扱っている。行司の順位入れ替え
　　にはさまざまな理由がある。

らないが、健康上の理由で立行司になることを辞退したという噂を行司仲間から直接聞いたことがある。これは噂だが、本当だったに違いない。式守伊之助（39代）を継いだ木村庄三郎に続き、その後でも二番手の式守錦太夫が式守伊之助（40代）を継いでいるからである。

7.　朱房行司と三役行司

　昭和2年春場所番付の3名の朱房行司調べていると、一つの疑問が湧いてくる。つまり、草履行司と無草履の朱房行司という区分けは昭和2年春場所以降、なくなったのではないだろうか。というのは、昭和2年以降、二通りの朱房行司がいないからである。

　昭和2年春場所以降、朱房行司は三役行司であるし、三役行司は朱房行司である。ところが、大正末期までに見られた二つの朱房行司を認めないという規定や内規を見たことがない。東西相撲協会が合併で行司の順位付けを決めたとき、適用された要領は次のようなものであった。[42]

(1)　『大相撲』（昭和54年3月号）の「22代庄之助一代記（9）」

　　「力士、行司は、横綱ならびに木村庄之助、式守伊之助（東京）、木村玉之助（大阪）の三立行司を除き、大関以下の全力士、全行司は、すべて無資格とし、実力、資格審査のうえ、新しく順位を決定する。」（p.146）

---

42)　これは多くの文献で見ることができる。たとえば、鳴戸政治著『大正時代の大相撲』（p.463）や酒井忠正著『日本相撲史（中）』（p.373）など。しかし、たとえば行司の階級、房色、履物などについて述べてある「合同の要項」や「申し合わせ」らしきものは見たことがない。従来の慣行に従っていたとすれば、朱房の幕内上位行司、紅白房の幕内下位行司、朱房で草履を履いた三役行司などがいても不思議でない。昭和2年春場所では、幕内行司はすべて紅白房、三役行司は朱房で草履を履いていないのである。その違いを説明する資料がありそうだが、まだ見つからない。

(2) 『大相撲』（昭和 54 年 5 月号）の「22 代庄之助一代記（10）」

　　「行司のほうも、立行司以外は一応の審査があった。最初の審査場所
　　である京都の相撲のとき、大阪の清之助、東京の勘太夫（のちの 21
　　代庄之助）、私、庄三郎（のちのヒゲの伊之助）らが土俵上で顔ぶれ
　　をやり、勝負検査役の採点を受けた。」（144）

　この資格審査要項と同時に、順位はもちろん、三役行司は朱房であると
いう申し合わせがあったのかもしれない。三役行司は朱房だが、草履を履
いていない。これはどう説明すればよいのだろうか。
　昭和 3 年 5 月に施行された寄附行為の規定には草履や房色については、
何も規定されていない。たとえば勘太夫、林之助、庄三郎は大正末期に朱
房になっているが、草履を履いていない。先に示した『夏場所相撲号』（大
正 10 年 5 月号）の「行司さん物語―紫総を許される迄」で見たように、
大正期には草履を履く三役行司もいた。もちろん、草履を履かない朱房行
司は「幕内格」だった。ところが、昭和 2 年以降、三役行司は朱房で、草
履を履かなくなっている。大正末期には朱房行司を「三役行司」と呼んだ
り、「幕内行司」と呼んだりしている。たとえば、林之助は自分の地位を「幕
内行司」だったと書いているが、庄三郎は「三役行司」だったと書いている。
　昭和 2 年以降の三役行司は朱房で、草履を履いていないが、草履を履か
ないことはいつ、決まったのだろうか。本書では、昭和 2 年春場所の番付
作成前には決まっていたはずだと想定している。[43] そうでなければ、昭和 2
年春場所以降でも、草履を履く朱房が出ても不思議でないからである。昭

---

43)　『大相撲の神々と昭和前半の三役行司』の第 5 章「昭和前半の三役行司」で、
　　昭和 2 年春場所以降、三役行司が朱で、草履を履かないという決まりがあったは
　　ずだと指摘している。それはおそらく 2 年春場所番付作成の前である。そうでな
　　ければ、三役行司が草履を履いていたかもしれない。大正期には草履を履く朱房
　　行司がいたからである。

和 14 年 5 月では行司と力士の対応関係が明確に規定されている。[44]

・昭和 14 年 5 月改正の第 24 条
　「紫総は横綱に、紫白房は大関に、緋総は三役に、紅白総は幕内力士
　に対等するものとす」

　草履や足袋などの履物については、おそらく、別に内規で定めてあった
に違いない。朱房行司は三役力士、すなわち関脇と小結に対応することが
明記されている。この規定がおそらく、昭和 2 年春場所以降も事実上適
用されていたに違いない。実際、昭和 2 年以降、一つの例外もなく、三役
行司は朱房だし、草履を履いていないからである。草履を履いた行司が 3
名もいれば、横綱土俵入りを引く行司を心配しなくても済む。合併時の審
査の際、立行司は 3 名ということは決まっていた。それが草履を履かない
朱房行司でよいという考えになったのではないだろうか。

　三役行司が草履を許されたのは、昭和 35 年 1 月だが、その際、立行司
が 2 名になっている。副立行司が廃止され、木村庄之助と式守伊之助だけ
になった。2 名だけでは横綱土俵入りのとき、支障が生じるかもしれない。
その予防策として、朱房行司にも草履を許したのではないだろうか。横綱
土俵入りには草履行司が欠かせないというしきたりがある。[45]これは江戸時
代から続いているしきたりである。昭和 33 年以前、地方巡業などで横綱
土俵入りを引く行司がいなかったとき、窮余の策として朱房行司に「紫白

---

44)　昭和 3 年 5 月の相撲規則（25 条）と昭和 11 年 5 月の相撲規則（24 条）では、
　　朱房行司や紅白房行司と力士の対応関係は必ずしも明白ではない。特に草履を履
　　かない朱房行司がどの力士に対応するかは推測の域を出ない。つまり、その行司
　　が幕内力士（前頭）の何枚目までに対応するかはあいまいである。同様に、紅白
　　房行司が何枚目までの前頭に対応するかもあいまいである。

45)　たとえば、天明 7 年 12 月には当時の最高位の行司に草履が許されているが、
　　それは横綱土俵入りを引くためであった。それまでは行司は素足だった。草履を
　　許されたので、足袋を履くようになった。これに関しては、たとえば拙著『大相
　　撲行司の松翁と四本柱の四色』の第 2 章「地位としての草履の出現」でも扱っている。

房」を許し、その土俵入りを引かせていた。

なお、三役行司の木村庄三郎と木村正直に草履が許されたのは、昭和22年6月である。これは横綱土俵入りを引く行司の数が不足したために、それを補足する策として許したわけでもなさそうである。その意味で特例である。この2名以外には、その後も三役行司に草履は許されていない。立行司は依然として3名いたからである。余談だが、立行司に空位があっても、協会がそれを急いで埋めなくなっているのは、草履の朱房行司がいるからである。[46]

8.　木村玉光と木村正直

（1）　木村玉光は大阪相撲の行司で、昭和2年春場所には幕内行司として林之助の次に記載されている。大阪相撲の房色が不明だが、林之助と庄三郎のあいだに位置付けられているので、大阪相撲ではきっと朱房だったに違いない。大阪では行司の人数も少なく、東京相撲より出世が早かったという記事もある。そこで朱房だったなら、春場所では幕内に格下げされ、紅白房になったことになる。[47]この行司は昭和11年1月、朱房の三役行司に昇格している。

（2）　木村正直も大阪相撲の行司で、昭和2年春場所には幕内行司として記載されている。誠道と要人のあいだに位置付けられている。誠道は朱房から格下げされて紅白房になっているが、要人（のちの喜三郎、

---

46)　もし総紫が横綱に、紫白が大関に対応するならば、行司には木村庄之助はいなくても、式守伊之助はいなくてはならない。大関はかならず東西に一人ずついなければならないからである。しかし、立行司を二人とも「紫房」に相当すると解釈すれば、立行司は一人もいなくてもよい。草履の朱房行司が土俵入りを引けばよいからである。このように、草履は重要な履物である。

47)　参考までに、昭和3年春場所、紅白房だったことは、『夏場所相撲号』（昭和3年5月号）の口絵に三杉磯と雷ノ峰の取組（9日目）でも確認できる。玉光の地位は林之助の後、庄三郎の前なので、房色の判別で悩むことはない。

8 代与太夫）も大正 15 年夏場所でも紅白房だったはずだ。正直は大
阪相撲にいたとき、大正 13 年 5 月に幕内行司に昇格している。昭和
2 年春場所までその房色に変化はなかったはずだ。[48]

9.　今後の課題

　本章では大正末期と昭和初期とで房の色が違うと思われる朱房行司や紅
白房行司を何人か取り上げ、房の色はもちろん、それに応じて地位も正確
に判断できることを指摘している。当時の雑誌の写真でその房の色が判別
できるからである。昭和 2 年春場所、清之助は朱房の三役行司だし、勘太夫、
林之助、庄三郎は 3 名ともそれぞれ紅白房の幕内行司だった。勘太夫は翌
夏場所、朱房行司に昇格している。これで、これまでの拙著で間違ってい
たり、解決できなかったりしていた問題点は修正することができたし、解
決することもできた。しかし、未解決の問題点はあるし、新たな問題点が
生じているので、そのいくつかを今後の課題として示しておきたい。

（1）　勘太夫（のちの 21 代庄之助）は朱房を強調し、自伝『ハッケヨイ人生』
　　　では「三役行司」としている。庄三郎も自伝『軍配六十年』の「系譜」
　　　では「三役行司」になったとしている。本書では二人とも「三役行司」
　　　ではなかったとしているが、それは正しい判断だろうか。この名称の
　　　違いはどう解釈すればよいだろうか。それから、林之助は自伝『行司
　　　と呼出し』で「幕内行司」だったとしている。本書ではそれを「幕内
　　　上位行司」あるいは「幕内朱房行司」に相当するものだとしているが、
　　　それは正しいだろうか。

48）『大相撲』（昭和 38 年 1 月号）の「土俵一途の 55 年」（23 代木村庄之助と記者
　　との対談記事）によると、大阪行司では幕内行司に昇格し、2 年ほどして合併相
　　撲になっている。昭和 2 年春場所まで房色は変化していないようだ。草履を履か
　　ない朱房を「幕内行司」ということもあるが、本章では紅白房の「幕内行司」と
　　捉えている。

(2)　昭和2年春場所では朱房行司が三役行司になり、紅白房は幕内行司になっている。この区別はいつごろ、決まったのだろうか。つまり、合併相撲とは関係なく、大正期にすでに決まっていたのだろうか、それとも合併に際して新しく決めたのだろうか。本書では後者の立場だが、実際はどうだろうか。

(3)　昭和2年春場所には朱房の三役行司は草履を履けなくなっている。昭和3年5月施行の規定では、二通りの朱房行司は生きている。しかし、実際には草履を履けない朱房だけしかいない。それは長いあいだ続いている。なぜ朱房の三役行司は草履を履けなくなったのだろうか。

(4)　昭和22年6月に庄三郎と正直に草履が許されている。本章ではそれは特例であると解釈している。三役行司であれば、それに伴って草履が許されたわけではないからである。二人に草履が許されたことには他にどんな理由があるだろうか。それは何だろうか。

(5)　昭和35年1月から三役行司は草履が許されている。本章では、立行司が2名になり、横綱土俵入りなどを考慮し、支障がないようにするためだったとしている。この解釈は正しいだろうか。他に理由があるとすれば、それは何だろうか。立行司に空位があっても、それを急いで埋めようとしないのは、草履の三役行司がいて、横綱土俵入りなどで支障がないからだともしている。それは本当だろうか。立行司を二人とも空位にしても規定上問題はないだろうか。ないとする根拠は何だろうか。また、あるとすれば、その根拠は何だろうか。

(6)　式守与太夫・他談「行司さん物語」には草履の履けない「三役並み行司」がいる。草履を履く「三役行司」が関脇に、「三役並み行司」は「小結」に、それぞれ対応としている。それは事実に即しているのだろうか。

三役並み行司はどの階級に属しているのだろうか。というのは、草履
を履かない朱房には他にも鶴之助や錦之助がいて、これは明らかに「幕
内上位行司」だからである。幕内上位行司の中で三役並み行司とそう
でない行司という区別があったのだろうか。それとも三役並み行司は
幕内上位行司とは別の階級だったのだろうか。本書では三役並み行司
と他の朱房行司をともに幕内上位行司あるいは「幕内行司」としてい
る。三役行司と幕内階級とのあいだに特別の「三役並み行司」という
階級はなかったからである。これは事実を正しく捉えているのだろう
か。それとも間違って捉えているのだろうか。やはり吟味する必要が
ある。

第4章　大相撲の三役行司再訪

1.　本章の目的[1]

　力士の「三役」はときには横綱・大関を除き、小結と関脇だけを指すこともあるが、除外しないで小結以上の力士を指すこともある。たとえば、横綱がいなかったとき、千秋楽の「是より三役」の力士は、小結、関脇、大関を指していた。ところが、横綱が現れるようになってからは、横綱も含めるようになった。ときには、取り組む力士の地位に関係なく、最後の取組み三番を「役相撲」または「三役相撲」ということもある。

　力士の「三役」が歴史的に変わってきたように、行司の「三役」もその内容が変わってきている。たとえば、草履を履いた朱房以上の行司を「三役」と呼んでいた頃もある。その場合は、もちろん、紫房（紫白房や半々紫白房）の行司を含めている。ところが、時代を経るにつれ、朱房行司だけに限定し、草履を履いた行司を「三役行司」とし、そうでない行司を「幕内行司」と呼ぶこともあった。[2]　また、朱房であれば、草履を履けなくても、

---

1)　本章の執筆では大相撲談話会の多田真行さんに大変お世話になった。貴重なコメントもいただいた。軍配房色に関しては、特に式守伊之助と木村玉之助の房色の違いなどについて、29代木村庄之助と40代式守伊之助から木村玉之助の房色などについて貴重なお話を教えてもらった。ここに改めて、感謝の意を表しておきたい。

2)　本書では、「幕内行司」同様に、「幕内上位行司」を使用する。紅白房の幕内行司（つまり本足袋行司）と紛らわしい場合があるからである。「本足袋行司」と「幕内行司」を明確に区別して使用すれば問題ないが、現在の「幕内行司」はその内容が以前と異なる。現在の「幕内行司」はすべて、紅白房である。しかも、現在は「本足袋行司」という呼称はない。

全員「三役行司」と呼ぶこともあった。たとえば、昭和初期から34年11月までに見られたように、三役行司は朱房だが草履を履いていない。現在では朱房行司と言えば、三役行司であり、三役行司と言えば、朱房行司である。昭和35年1月以降、三役行司は草履を履いている。

　このように、三役行司は草履を履いていたり、履いていなかったりしている。また、朱房行司も常に三役行司とは限らなかった。幕内行司でも上位行司は朱房だったことがある。つまり、紅白房の幕内、つまり「本足袋（行司）」と、朱房の「幕内」あるいは「幕内上位行司」がいた。本章で扱うのは、主として朱房以上の行司である。そして、次のようなことを指摘する。

(1)　大正末期まで朱房行司には草履を履ける行司と履けない行司がいて、その力士との対応関係は異なる。その対応関係を明確に区別していなかったために、力士との関係が必ずしも明確でない場合がある。草履を履ける朱房行司は三役行司に対応するが、草履を履けない朱房行司はどの力士に対応するだろうか。その対応関係が明確でないことがある。

(2)　大正末期の行司、たとえば式守錦太夫（昭和2年春場所に式守与太夫に改名）、式守与之吉（大正15年1月場所に式守勘太夫に改名）、木村林之助、木村玉治郎（大正15年5月に木村庄三郎に改名）などは朱房だったが、「幕内行司」または「幕内上位行司」だった[3]。ただし、錦太夫は大正15年夏場所、三役行司に昇進している。与之吉は大正15年1月場所、三役行司になったと語っているが、それを裏づける証拠が見当たらない。

---

3)　当時、紅白房の幕内行司は「本足袋紅白（幕内行司）」、朱房の幕内行司は「本足袋朱房（幕内行司）」とそれぞれ呼ぶこともあるが、正式な呼称が何であったかははっきりしない。「本足袋」（紅白房）や「格足袋」（青白房）という呼称は、たとえば『時事新報』（明治44年6月10日）の「相撲風俗（8）―行司」でも見られるように、普通だった。

(3)　相撲規約で朱房行司が三役力士に、また紅白房行司が幕内力士に、それぞれ対応することを明記したのは昭和 14 年である。ところが、その対応関係は、昭和 2 年春場所以降でも認められる。ということは、昭和 2 年春場所の番付作成以前にその対応関係を確認していたに違いない。それから、朱房行司は誰も草履を履けないことを番付作成前に決めてあったに違いない。そうでなければ、朱房行司が小結と関脇の三役行司に対応し、誰一人として草履を履かないようなことにはならないはずだからである。

(4)　昭和 34 年 11 月まで三役行司は朱房だが、草履を履けなかった。ところが、昭和 35 年 1 月以降、そして現在まで、三役行司は朱房で、全員草履を許されている。明治末期や大正末期の草履を履けた朱房の「三役行司」に戻ったのである。そうなったのはなぜなのだろうか。それまでは草履を履けた立行司が多く、横綱土俵入りを引くときに支障がほとんど生じる心配がなかったからである。ところが、昭和 34 年に 11 月に副立行司（2 人）を廃止したために、立行司が木村庄之助と式守伊之助だけになった。横綱が 3，4 人もいて、立行司が一人休場でもすると、横綱土俵入りに支障が出てしまうし、負担も重くなってしまう。それを避けるには、三役行司に草履を許せばよい。横綱土俵入りを引く行司は「草履行司」という江戸時代からのしきたりがある。房の色は朱でもよいし、紫（あるいは紫白）でもよい。

(5)　朱房行司に草履の三役行司と無草履の三役行司がいたにもかかわらず、それを認めない文献もたくさんある。その中で特に目立つのは、朱房行司はすべて草履を履き、帯刀するというものである。本章ではそのような文献のうち、大正末期までのものをいくつか提示する。また、昭和 2 年春場所以降、朱房行司が草履も帯刀も許されていなかったにもかかわらず、その両方を許されていたとする文献も実に多い。

これまでも朱房行司に関することは拙稿でも幾度となく取り上げている。本章と特に重なり合う拙著を示しておく。

(1)　『大相撲行司の伝統と変化』の第8章「昭和初期の番付と行司」と「明治30年以降の番付と房の色」
(2)　『大相撲の歴史に見る秘話とその検証』の第7章「大正末期の三名の朱房行司」
(3)　『大相撲行司の軍配房と土俵』の第5章「草履の朱房行司と無草履の朱房行司」と第8章「大正時代の番付と房の色」
(4)　『大相撲の神々と昭和前半の三役行司』の第5章「昭和前半の三役行司」

　朱房行司はこれまで草履を許されたり、許されなかったり、また再び許されたりしている。ときには特定の三役行司に草履が許され、他の三役行司には許されなかったりしている。朱房行司では、その内部で扱い方に幾度か変化があったため、文献の中にもときどき混乱が見られる。ときには何が真実なのか問わなくてはならないこともある。本章もその変化を巡って、一つの見方を提示していると言ってよい。
　本章で指摘していることは、これまでの拙著で指摘したことと大きく変わっていない。変わっていることと言えば、これまで見落としていたことに光を当てたり、これまでにあいまいだったことが新しい資料で明確になったりしていることである。

2.　三役行司と草履

　明治末期の新聞に立行司の式守伊之助（10代）が語っている記事が掲載されている。その中の行司の階級と房色は、現在と異なっている。まず、明治末期の新聞記事をいくつか見てみよう。

・『時事新報』（明治44年6月10日）の「相撲風俗（8）—行司」

「序ノ口から三段目までは一様に黒い房を用い、幕下は青、十両は青白、幕内は緋白と緋、大関格は紫白、横綱格は紫というように分類されている[4]。それから土俵上で草履を穿くことを許されるのは三役以上で、現在の行司では緋房（朱房：本章注）の誠道と紫白の進と紫房の庄之助、伊之助の二人である。草履の下が足袋で、それも本足袋に格足袋とがある。本足袋は緋白の総で幕内格、格足袋は青白の総で十両である。ついで脇差であるが、これはもと紫白以上でなければ許されなかったものであるが、最近その服装を鎧下の直垂に改めてからは足袋以上に穿かせることとなった。」

　この記述に従うと、幕内格行司の中に紅白房行司と朱房行司がいることになる[5]。誠道は朱房だが草履格なので、三役行司である。しかし、他の朱房行司は「幕内格」である。朱房であっても、草履を履いていないからで

---

4)　幕下以下の房色については本章では触れない。それに関しては、たとえば拙著『大相撲行司の伝統と変化』の第 5 章「幕下以下行司の階級色」と『大相撲行司の房色と賞罰』の第 4 章「行司の黒房と青房」でも扱っている。この記事が行司の語ったことをそのまま書いてあるとすれば、幕下以下行司にも間違いなく階級色があったことになる。しかし、そのことが不明である。また、『都新聞』（明治43 年 5 月 31 日）の「改正された行司の服装」の「行司足袋以下は黒、青の二種である」とあるが、これも二通りの階級色を表しているのか不明である。黒か青のいずれかであるかもしれない。幕下以下の行司の階級色を巡っては昭和 20 年代後半まではっきりしたことがわからず、現在も何が真実だったのかわからない。

5)　いつの時点で草履を履いた朱房行司を「三役」、そうでない朱房行司を「幕内」と区別するようになったかは、今のところ、不明である。本書では、少なくとも明治末期にはそのような区別があったとしている。明治 34 年頃には、たとえば木村庄太郎のように、朱房で草履を履かない行司もいたし、明治 37 年春場所まで、たとえば式守伊之助（9 代）のように、朱房の立行司もいた。立行司はもちろん、熨斗目麻上下を着用していた。明治 37 年以降でも、しばらく朱房で草履を履く行司とそうでない行司がいたが、その階級を「三役」、「幕内」という分け方をしていなかったはずだ。もちろん、そのような見方が正しいのかどうかは、検討する必要がある。

ある。これを二つの番付で見てみよう。便宜的に、房色を追加してある。

(1)　明治43年5月場所の番付

・立行司：木村庄之助（総紫）、式守伊之助（紫白）、木村庄三郎（紫白）、
　三役行司（朱）：木村進、木村誠道[6]
　幕内行司（朱）：木村朝之助、式守与太夫、式守勘太夫、式守錦太夫、
　　　　　　　　木村大蔵、…

　木村進と木村誠道は朱房だが、草履を許されているため、「三役行司」
である。一方、木村朝之助や式守与太夫等は朱房だが、草履を許されてい
ないため、「幕内行司」である。紫房の立行司も「三役行司」だが、両者
をさらに区別するときは「立行司」と「三役行司」とする。その際は、も
ちろん、房色を考慮する。つまり、草履で紫房は立行司となり、草履で朱
房は三役行司となる。

(2)明治44年5月場所の番付
・立行司：木村庄之助（総紫）、（庄三郎改め）式守伊之助（紫白）、（准
　　　　　立行司）木村進（紫白）
　三役行司（朱）：木村誠道[7]
　幕内行司（朱）：木村朝之助、式守与太夫、式守勘太夫、式守錦太夫、
　　　　　　　　木村大蔵、…

明治44年2月に木村庄三郎が式守伊之助に昇格し、木村進が紫白房を

---

6)　明治時代の階級と房色に関しては、たとえば拙著『大相撲行司の伝統と変化』
　の第9章「明治30年以降の番付と房の色」で詳しく扱っている。明治43年以降
　では「紫白房」にも紫糸と白糸の割合に差があり、「（真）紫白」と「半々紫白」
　の両方がある。本章ではどちらも「紫白房」としている。
7)　木村誠道が正式に紫白房を許されたのは大正2年春場所である。明治39年春場
　所（当時は木村小市）に草履を許されている。

許されている。ここで注目すべきことは、草履を履いた朱房の木村誠道が
三役行司で、草履を許されていない朱房行司は「幕内行司」だということ
である。実際は「紅白房」と区別するため、普段は単に「朱房行司」と呼
んでいたかもしれない。これは単なる推測で、事実はどうだったか、確認
する必要がある。

　朱房行司に草履を許された行司とそうでない行司がいたことを記した新
聞記事がある。

(1)　『東京日日新聞』（明治 44 年 6 月 11 日）の「行司の一代―10 代
　　　目式守伊之助談」

　　　「横綱、大関と等しいものは紫の房を持った立行司で、朱房で福草履
　　　が三役同様で、朱房および紅白房は幕内で、青白は格足袋と言って力
　　　士ならば十枚目までの関取分というのと同じです」

　草履の朱房行司がどの力士に対応し、無草履の朱房行司がどの力士に対
応するかははっきりしない。三役力士は関脇と小結なので、朱房行司はそ
の両方の力士に対応しているに違いない。その区分けがあったのかどうか
が不明である。草履を履かない朱房行司は「幕内格」でもあるので、もし
かすると、幕内力士にも対応しているのかもしれない。実際はどうだった
か明確でない。それで、今のところは、不明としておく。

(2)　『都新聞』（明治 44 年 6 月 17 日）の「行司になって 44 年―10 代

---

8)　大正期には草履を履く朱房行司とそうでない幕内行司を区別することなく、房
　　色が朱であればすべて「朱房行司」としている文献がよく見られる。式守錦太夫（の
　　ちの 20 代庄之助、松翁）は明治 42 年夏に朱房を許されたが自伝『国技勧進相撲』
　　（昭和 17 年）の「紋」では「三役格」になったと書いてある。これは「幕内上位
　　行司」とするのが正しい。草履を許されたのは大正 3 年春で、そのとき「三役行司」
　　になった。このように、朱房が三役と同義に使われることがあるが、時代的背景
　　を考慮しないと誤解を招くことがある。

目式守伊之助談」

「横綱・大関と同格なのは立行司で、軍扇は紫房を持っております。朱房で福草履を履いているのが、三役と同格で、朱房と紅白房は幕の内、青白房は格足袋と言って力士ならば十枚目までの関取分というのです。」

　二つの記事はほとんど同じ内容なので、記者は共同会見のような場でともに取材したのかもしれない。本章との関わりで重要なのは、朱房の中には三役行司もいれば、幕内の行司もいるということである。やはり、草履の朱房行司と無草履の朱房行司が、それぞれどの力士に対応するかは不明である[9]。

3.　大正期の朱房行司

・式守与太夫・他談「行司さん物語―紫房を許される迄」(『春場所相撲号』、大正 10 年 5 月号)

「(前略) いよいよ本足袋と称して幕の内なり紅白の房を用いるようになり、(中略) 今度はいよいよ三役並みとして小結の格式がつき、軍

---

9)　明治 43 年以前は、紫房は地位とともに付随して授与されていない。すなわち、式守伊之助に昇進すると同時に「紫白房」が授与されるわけでないし、木村庄之助に昇進すれば「准紫房」(当時の最高位の紫房で、白糸が少し混じっていた)が授与されたわけでもない。たとえば、9 代式守伊之助は明治 31 年 5 月にその地位についているが、当時、自分で朱房を使い出している。伊之助を襲名したとき、草履を許されたようだ。この伊之助が「紫白房」を許されたのは、明治 37 年夏場所である。この 9 代伊之助が紅白房から朱房に変わったとき、どのような手続きを踏んだのかははっきりしない。これに関しては、たとえば拙著『大相撲行司の伝統と変化』の第 9 章「明治 30 年以降の番付と房の色」でも少し扱っている。いずれにしても、立行司になれば、同時に「紫房」も許されるというものではなかった。朱房も草履も同様である。

扇の房も紅白でなく朱房を許されるようになり、（中略）それから関脇格になりますと、いよいよ土俵で草履が許され、軍扇には朱房を用いますが、格式は一段上がってきまして、本来なれば土俵で帯刀するのが正当なのでありますが、いろいろの都合上略しております。」（pp.104-5）

　朱房行司と対応する力士の関係は、次のようになる。

(1)　草履の朱房行司は関脇（三役力士）に対応する。
　　式守与太夫、式守勘太夫、式守錦太夫、木村大蔵の4名。

(2)　無草履の朱房行司は小結（三役力士）に対応する。
　　木村庄三郎、木村瀬平、木村左門の3名。

(3)　紅白房（すなわち本足袋）はおそらく幕内力士（前頭）に対応する。

　明治末期の新聞記事では草履を履く朱房行司とそうでない朱房行司の対応する力士は不明だったが、この記事ではそれが明確になっている。[10]朱房行司と力士との対応関係がそのとおりだったかどうかを確認するすべがない。朱房行司は草履を履くか、履かないかによって待遇面の違いがあることは確かだが、力士との対応関係で三役力士を関脇と小結に分けることはなかったはずだ。草履を履けない「三役並み」の行司は、階級としては「幕内行司」だったはずだ。明治以降大正末期まで「三役行司」の下の階級は「幕内行司」だった。

---

10)　大正期の新聞記事では、行司の昇進を述べるとき、たとえば格足袋、本足袋、朱房、（朱房）草履を許されたというように表現してあることが多い。行司と力士の対応関係についてはほとんど触れていない。自明のこととして扱っていたかもしれない。しかし、草履を許されていない朱房行司がどの力士に対応しているかは、この表現ではわからない。

なお、大正期の草履を履いた朱房行司とそうでない朱房行司は、本書の第7章「上位行司の番付再訪（資料1）」で、順位や人数などを確認できる。

4. 朱房行司を「幕内」としている文献

大正末期に朱房行司だったが、「幕内行司」と語っている文献がある。その「幕内行司」は履を履かない朱房行司のことである。[11]それをいくつか示す。

(1)　22代木村庄之助著『行司と呼出し』／「22代庄之助一代記（6）[12]」

　　「大阪の幕内が、東京でも幕内格に扱っていただけた」（p.49/p.140）

22代庄之助が大阪相撲でいつ朱房になったのかはわからないが、東京相撲に移り大正14年春場所番付に載ったときには朱房行司だった。庄之助自身は「幕内行司のどん尻」として処遇されたと語っている。木村林之助は昭和2年春場所、朱房行司から格下げされ、紅白房の幕内行司になっている。

(2)『大相撲』（平成6年6月号）の「名行司22代庄之助—百四歳の大往生」

　　「14年1月木村林之助と名乗り幕内格下位格で出羽海部屋から東京初
　　土俵を踏んだ。昭和7年2月、三役格。」（p.129）

---

11)　本章で特に扱う大正末期の朱房行司、たとえば木村林之助、式守勘太夫（与之吉）、木村庄三郎（玉治郎）、式守錦太夫（与太夫）等の昇進年月に関しては、たとえば拙著『大相撲の神々と昭和前半の三役行司』の第4章「行司の昇進年月」と第5章「昭和前半の三役行司」でも扱っている。

12)　『行司と呼出し』は前原太郎・22代木村庄之助共著だが、本章ではあたかも22代木村庄之助だけの著書であるかのように表記する。二人を表記すると長くなるし、本章で参照するのは前半部の「行司」だけだからである。

　22 代庄之助は大正期に朱房だったことを「三役格」とは決して語って
いない。常に「幕内格」だったと語っている。ところが、昭和 7 年 2 月
に朱房に昇格したときは「三役格」と語っている。大正期の朱房だったと
きにも、7 年 2 月以降の朱房だったときにも、草履を履いていたわけでは
ない。しかし、一方は「幕内格」、もう一方は「三役格」として区別して
いる。朱房であっても、地位としての扱いに何か重みの違いがあったかも
しれないが、使い分けていることには何か理由があったのかもしれない。
それが何であるかは不明である。もしかすると、大正期の無草履の朱房に
は草履の朱房行司の「三役格」との区別があり、三役行司より下位の階級
だという意識があったのかもしれない。

(3)　「22 代庄之助一代記（9）」

　　「(式守錦太夫：本書補足) は大正 11 年春場所、幕内格に上がり、(中
　　略)、昭和 2 年春に八代目式守与太夫となって三役格に上がり、七年
　　十月、十六代目式守伊之助になる（後略）」(p.147)。[13]

　式守錦太夫（のちの 16 代伊之助）は大正 11 年春に朱房になっているが、
22 代庄之助はそれを「幕内格」としている。(錦太夫改め）与太夫（7 代）
は大正 15 年夏場所、番付最上段に記載され、三役扱いである。それにつ
いて、22 代庄之助一代記（9）」は何も語っていない。それが何を意味す
るか、不明である。昭和 2 年春場所、錦太夫は与太夫（7 代）に改名して
いる。番付では三役格なので、地位は横滑りである。しかし、草履を脱が
され、足袋のままである。

---

13)　この『22 代庄之助一代記（9）』には記されていないが、錦太夫は大正 15 年 5
　　月には「三役行司」に昇格しているはずだ。番付一段目に記載されている。この
　　一段目には立行司と三役行司を記載するのが普通である。

（4）「22 代庄之助一代記（9）」

　式守与之吉（のちの勘太夫、21 代庄之助）に関しても、「22 代庄之助
一代記（9）」では大正 15 年春場所、三役格になったとは語っていない。

　　「式守与之吉（のちの式守勘太夫：本書補足）は、（中略）、大正 11
　　年夏場所、幕内格に上っている[14]。のち、大正 15 年春、4 代目勘太夫
　　を襲名、昭和 2 年夏、三役格、13 年春、14 代木村玉之助、14 年春、
　　17 代式守伊之助、（後略）」（p.147）

　式守勘太夫（前名・式守与之吉）は大正 11 年春場所に朱房になってい
るが、22 代庄之助はそれを「幕内格」と称している。昭和 2 年春場所は
幕内行司で、朱房が紅白房になっている。翌夏場所には三役行司に昇格し、
朱房行司になった。

（5）「22 代庄之助一代記（9）」

　木村庄三郎（前名・玉治郎）は大正 14 年春場所に「幕内上位行司」に
なっているが、それについて「22 代庄之助一代記（9）」では何も語って
いない。三役行司になったことにも何も触れていない。

　　「（木村玉治郎：本書補足）は大正 15 年（14 年：本書注）春、木村庄
　　三郎を襲名して幕内格に上がり[15]、昭和 10 年夏、三役格、26 年秋 19

---

14)　与之吉は大正 11 年 1 月場所、朱房の「幕内上位行司」になっている。これに
　　関しては、たとえば本書の第 6 章でも詳しく述べている。

15)　たとえば、19 代式守伊之助著『軍配六十年』の「年譜」（p.158）では大正 14
　　年春に「三役格行司」に昇進し、大正 15 年夏に木村庄三郎を襲名している。も
　　し玉治郎が大正 14 年春に三役になっていたら、上位の与之吉も当時すでに三役
　　になっていなければならない。しかし、与之吉は 15 年春に三役になったと語っ
　　ている。やはり玉治郎が大正 14 年春に三役になったというのは記憶違いである。

代目式守伊之助となった」(p.148)

　木村玉治郎は大正 14 年春、朱房行司になっているが、22 代庄之助はそ
れを「幕内格」としている。玉治郎は翌年（15 年）の夏場所、木村庄三
郎に改名している。昭和 2 年春場所は朱房から紅白房に変わっている。

5.　無草履の朱房行司を三役としている文献

　無草履の朱房行司を「三役行司」としている文献もある。その例をいく
つか示す。

(1)　19 代式守伊之助著『軍配六十年』の「系譜」

　「大正 14 年春、三役格行司に昇進」(p.158)

　木村庄三郎は大正 14 年春に朱房になっているが、彼自身はそれを「三
役行司」と称している。自伝も他の雑誌対談などでもそれを「幕内行司」
とは称していない。この自伝『軍配六十年』は出版が昭和 36 年なので、
その時代に合わせてその言葉を使っているかもしれないが、そうなると不
都合なことが生じる。庄三郎は昭和 2 年春場所、朱房行司から一段格下
げされ、「紅白行司」になっている。この「紅白行司」が抜けてしまうと、
大正 14 年春以降昭和 10 年夏までずっと「三役行司」として続いていた
ことになる。しかし、実際は、昭和 2 年以降「紅白行司」だったのである。
昭和 2 年春にも昭和 11 年春にも朱房、つまり「三役行司」になったが、
そのあいだに紅白房、つまり「紅白行司」に格下げされたことを説明しな
ければならない。
　木村玉治郎（のちの木村庄三郎、19 代伊之助）は大正 14 年春、朱房の「三
役行司」に昇進したことを、他の雑誌記事などでも「三役行司」と語って

　本書では、与之吉は大正 15 年春、三役に昇進していないとしている。

いる。たとえば、次の記事でも朱房で「三役格」となっている。

(2) 『相撲』（昭和 27 年 11 月号）の 19 代式守伊之助談「式守伊之助物語」

　　「大正 2 年春には格足袋を許されて十両格に出世し、大正 4 年の夏に
　　は本足袋（幕内格）、14 年春には緋総（三役格）と順を追って進み、
　　15 年夏には木村庄三郎を襲名いたしました。」(p.43)

　19 代伊之助（前名・木村庄三郎）は大正 14 年春に朱房の三役行司に昇
格したと語っている。それは、22 代庄之助が「幕内格」と語っている同
じ房色であり地位である。

(3)　21 代木村庄之助著『ハッケヨイ人生』（昭和 41 年）

　(a)「私は大正 15 年に三役行司式守勘太夫になる（後略)」(p.70)

　(b)「大正 15 年 1 月に三役となり、勘太夫と名前もかわって朱房の軍
　　配を持つことになりました。[16] 昭和 13 年、私が 50 歳の時に副立行司
　　の木村玉之助になりましたが、（後略)」(pp.77-8)

　21 代庄之助は大正 15 年 1 月に「三役行司」になったと語っている。昭
和 2 年春場所に格下げされ、「紅白行司」に格下げされたことについては
何も語っていない。これは 19 代伊之助の場合と同じである。21 代庄之助
は一貫して昭和 2 年以降の紅白行司や紅白房については語っていない。そ
のため、大正 15 年以降昭和 13 年までずっと朱房の「三役行司」だった
という印象を受ける。しかし、事実は違うのである。

---

16)　与之吉は大正 11 年 1 月にすでに朱房を許されていることから、大正 15 年 1 月
　　に「朱房を持つことになった」というのは、記憶違いである。この年に一枚上の「三
　　役行司」という階級になったことを裏づける証拠はまだ見当たらない。

　なお、本書では草履を履いた三役格だったかどうかを問題にしている。それ以外で三役格だったのであれば、そういう地位にあったかもしれない。たとえば、草履を履かなくても、三役になれたのであれば、三役格の条件が違うことになる。本書では大正末期まで三役格は草履を履くことのできる地位の行司とみなしている。

6.　朱房と三役行司は同じとしている文献

　明治期であれ、大正期であれ、朱房行司は草履を許されていれば「三役行司」であり、そうでなければ「幕内行司」であったが、その区別をしない文献も少なくない。その文献をいくつか示す。

A.　明治期

(1)　三木愛花・山田伊之助（編述）『相撲大観』（明治 35 年）

　　「(前略)」次に進級すれば紅白の交ぜ房を用い幕の内力士に相当し、次に進級すれば紅房を用い三役力士に相当す、(後略)」(p.299)

　これは草履の朱房行司と無草履の朱房行司を認めず、単に「朱房行司」とだけとなっているので、朱房行司はすべて「三役行司」となっている。[17]

---

17)　明治 35 年当時は、朱房は「三役」の階級色だった。この「三役」は現在の三役行司だけでなく立行司のことでもある。式守伊之助（9 代）さえ、朱房だった。もちろん、装束の違いはあった。立行司は熨斗目麻裃を着用した。伊之助が紫白房を許されたのは明治 37 年夏場所である。『東京朝日新聞』(明治 36 年 5 月 29 日)によると、朱房の木村庄三郎と木村庄太郎は草履を履いていなかったが「三役格」となっている。それに基づくと、たとえば、木村誠道（のちの 16 代木村庄之助）や木村瀬平（6 代）も朱房で草履を履かない時代、「三役行司」だったことになる。草履を履く朱房行司を「三役格」、そうでない朱房行司を「幕内格」と区分けするようになったのは、明治 35 年以降のことかもしれない。当時でも朱房には草

草履を履いた朱房行司とそうでない朱房行司は階級として同じだったのだろうか、それとも異なっていたのだろうか。

(2) 『報知新聞』（明治 43 年 5 月 31 日）の「行司の新服装」

　行司の階級や房の色に触れながら、行司装束の菊綴や飾り紐（胸紐や露紐など）が軍配房の色と同じであることを述べている。

　　・立行司：木村庄之助（紫）、式守伊之助（紫白）、木村庄三郎（紫白）
　　　三役行司（朱）：木村進、木村誠道
　　　幕内行司（紅白）：木村朝之助、式守与太夫、勘太夫、錦太夫、木村大蔵、
　　　　　　　　　　　　…

『時事新報』（明治 43 年 5 月 31 日）の「行司服装の改正」にも飾り紐は軍配の房色と同じだと書かれている。

　　「（前略）背、襟、袖、袴の飾り菊綴並びに胸紐、露紐はいずれも軍扇
　　の総色と同じからしめてその階級を示し、即ち立行司は紫、次は朱、
　　本足袋行司は紅白、格足袋行司は青白と定め（後略）」

　この記事では「三役行司」の名称や草履の有無は出てこない。階級名やそれに伴う房色が重要視されている。このことから、朱房行司は草履の有無に関係なく、同じ「朱」だったに違いない。

(3)　杉浦善三（編）『相撲鑑』（昇進堂、明治 44 年）

　　履を許された行司とそうでない行司がいたことは確かだ。区分けの正確な年月は、
　　今のところ、不明である。ちなみに、庄三郎が草履を許されたのは明治 37 年夏
　　場所、庄太郎は 38 年夏場所である。立行司の房色が「紫」になったのは、明治
　　43 年以降である。それまでは、一種の名誉色だった。

「（前略）草履免許に進級すれば白の交ぜ房を用い、幕内力士に相当す。更に進級すれば紅房を用い、三役力士に相当す。[18]」（p.34）

これは事実を正確に捉えていないようだ。紅白が「草履」を履けるとしてあるからである。朱房に草履を履ける行司とそうでない行司の区別があるのかどうかもわからない。この著書を取り上げたのは、明治末期に書かれているからである。

（4）　北川博愛著『相撲と武士道』（浅草国技館、明治 44 年）

「（前略）紅と白との交じり房で幕内格、それから紅房で、三役格にあたるものである。」（p.172）

朱房に草履の行司と無草履の行司を区別していない。朱房行司は「三役格」としていることから、区別を認めていない印象を受ける。

B.　　大正期

（1）　栗島狭衣著『相撲通』（大正 2 年、実業之日本社）

「（前略）本足袋という格になって力士の幕内に相当するようになると、房も紅白となり、それから更に進んで、全くの緋房となり、（中略）、緋房の格になっても、力士の三役格と同様であって、行司でも立派な出世となるのである。緋房の格に入った以上は、上草履を履いて土俵へ上り、木刀を帯することができるのである（後略）」（pp.63-4）

---

18)　これと同じ内容の記述は大橋新太郎（編）『相撲と芝居』（博文館、明治 33 年）の「行司の事」（p.43）に見られる。

朱房は全員、草履を履き、木刀を帯することができるとしている。当時、朱房の中には草履を許されていない行司もいた。そのことに言及していないので、必ずしも全面的に正しい記述ではないことになる。

(2)　『角力画報』（春場所号、大正3年1月）の吐理天奇筆「ちゃんこ
　　　番から」

　　　「緋房＝三役に相当するもので、上草履と木刀を帯することを許される。」（p.25）

　朱房は「三役」に相当し、草履と木刀を許されるとしている。これも朱房に無草履の行司がいることを記述していない。

(3)　綾川五郎次著『一味清風』（大正3年）

　　　「紅白の総（本足袋）：足袋の行司がさらに出世すると、今度は団扇の総が紅白になる。力士の幕の内に相当する格式があって、もうこうなれば押しも押されもせぬ堂々たる行司である。
　　　　緋総：本足袋行司が更に出世して緋総となる。即ち団扇の総が緋となるのである。これは力士の三役に相当する格式であって上草履を履いて土俵へ上り、木刀を帯することができるのであるから、行司としての貫録は初めてまったき次第となる。[19]」（p.195）

　朱房行司は「三役格」とし、草履を履き、帯刀できるとしている。それがすべてであれば、無草履の朱房行司を認めていないことになる。

(4)　小泉葵南著『お相撲さん物語』（泰山書房、大正6年）

---

19)　『一味清風』（大正3年）には、十両格以上の行司の帯刀についてはまったく言及されていない。帯刀に関しては、三役格行司が帯刀できるとしている。

「序ノ口から三段目までが黒房、幕下格が青、十両格が青と白との染分け、幕の中は緋か、それでなければ緋と白の染分け、三役格が紫と白の染分け、横綱格が総紫である。それから土俵の上で草履を穿くことを許されているのは、三役格以上の行司に限られているので、三役以下のものは足袋である。この足袋にも本足袋と格足袋の区別があって、本足袋は軍扇の緋白染分けの房と同様、幕の内の資格のある行司であるし、格足袋は青白染分け格の十両、脇差は足袋、すなわち十両でなければ穿用を許されないのである。」（pp.226-7）

　この記述によれば、三役格が紫白房になっている。純粋の朱房行司が書かれていない。草履を許されているのは「三役格以上」とあるが、その三役に朱房は含まれていないのかと問いたくなる。朱房を記述しなかったのは、おそらく、うっかり忘れてしまったに違いない。行司の中に朱房行司がいないのは不自然である。本章では草履の朱房行司と無草履の朱房行司に焦点を当てているので、この記述ではそれがどうなっているか不明ということになる。他の階級については特に問題はない。本章では幕下以下行司の房色については触れない。[20]

（5）　出羽海谷右衛門述『最近相撲図解』（岡崎屋書店、大正 7 年）

「上草履格　本足袋行司が更に出世したもので、軍扇の総が緋色となり、足袋の外に上草履を履き、木刀を帯して土俵に上ることができ、やや威儀の整うたものとなってくる。これは力士の三役に当たる格である。」（p.227）

---

[20]　幕下以下行司の房色については、たとえば拙著『大相撲行司の伝統と変化』の第 5 章「幕下格以下行司の階級色」と『大相撲行司の房色と賞罰』の第 4 章「行司の黒房と青房」でも詳しく扱っている。

朱房は全員、草履が履ける。区別していない。

(6)　田中四郎左衛門（編）『相撲講話』（大正 8 年）

「〈上草履格〉　本足袋行司を更に進めば、軍扇の総が緋色となり、上
草履を履き木刀を帯して土俵に上ることができる。すなわち力士の三
役格である。」（p.140）

　朱房は三役行司で、草履を履き、帯刀できるとしている。朱房に無草履
行司がいるかどうかについては何も述べていない。朱房行司は三役行司と
あることから、朱房行司は全員、草履を許されていたという立場のようだ。

(7)　東京角道会（編）『相撲の話』（黒燿社、大正 14 年）

「緋総　三役に相当するもので、上草履と木刀を帯することを許され
る。」（p.78）

　朱房は三役行司なので、無草履の朱房行司は認めていないようだ。大正
14 年当時は、朱房で草履を履いていない行司は何人もいた。

7.　昭和 2 年春場所の番付と相撲規約

　大阪相撲と東京相撲が合併した最初の番付、つまり昭和 2 年春場所の番
付を見てみよう。

・昭和 2 年春場所番付
　立行司：木村庄之助（紫）、式守伊之助（紫白）、木村玉之助（紫白）[21]

　三役行司（朱）：木村清之助、（錦太夫改め）式守与太夫
　幕内行司（紅白）：式守勘太夫、木村林之助、木村庄三郎、木村玉光、
　　　　　　　　　　　…

　木村清之助と式守与太夫は朱房で三役行司だが、二人とも草履を履いていない。木村清之助は大阪相撲出身で、それまで第二席の紫白房で草履を履いていた。合併相撲の昭和2年の春場所では、階級を一段階下げられ、朱房になり草履もはく奪された。他方、式守錦太夫は大正15年夏場所、三役行司に昇進し、草履を履いていた。房色は朱のままだった。昭和2年春場所は三役で、房色は朱のままだが、草履を履いていない。清之助と違い、地位や房色は変わっていない。

　大正末期まで朱房に草履を履ける「三役行司」と、そうでない「幕内行司」がいた。これは式守勘太夫、木村林之助、木村庄三郎が合併相撲前、朱房だったことからもわかる。草履を履いていなかったので、「幕内行司」であった。これら3名の朱房行司は、合併相撲では紅白房の「幕内行司」に格下げされている。合併相撲の前は朱房でも草履を履けなかったが、その後は朱房より一段下の「紅白房」に格下げされている。

　昭和2年の春場所では、三役行司は二人だけだが、その二人とも草履を履いていない。もし合併前の相撲規約が生きていたら、この二人の三役行司は草履を履いているはずだ。三役行司というのは、草履を許された朱房行司だからである。しかも、大正時代から続いていたことを文章化したと思われる相撲規約は、次のようになっている。[22]

・昭和3年5月の「寄附行為施行細則」第25条。
　「紫総は横綱に、紫白総は大関に、紅白および緋総の行司は幕内より

　　異種については、たとえば拙著『大相撲の立行司の軍配と空位』の第1章「紫房の異種」と第2章「准立行司と半々紫白」でも扱っている。
22)　条文の表現や文字は読みやすいように、少し変えてある。正確な条文が必要な場合は、元の出典で確認することを勧める。これは他の"引用"でも同じ。

関脇までの力士に対等し、足袋格の行司は十両格の力士に対等するものとする。」

　この相撲規約では、朱房と対応する力士が明確ではない。紅白房行司と朱房行司が幕内から関脇までの力士に対応しているが、その区切りが不明確である。なぜ紅白行司が幕内力士に、朱房行司が三役力士（小結と関脇）に、それぞれ対応すると規定しなかったのだろうか。現実には、そのような対応関係にあった。この現実と相撲規定の相違をどう説明すればよいだろうか。

　本章では、次のように考えている。つまり、合併相撲の審査のとき、三役行司は草履を履けないことに決めてあったに違いない。草履を履けなくても、三役行司という名称は残すことにした。当時、三役行司が草履を履けないようにしても、立行司が3名いれば、横綱土俵入りで支障は生じない。その3名とは木村庄之助、式守伊之助、木村玉之助である。三役行司に草履を許しても特別に問題はないが、行司の権威を維持するにも少ないほうがよい。横綱土俵入りを優先した結果、草履の朱房行司を設けなくてよいと考えたのではないだろうか。

　ところが、昭和2年以降でも朱房行司は全員、草履を履き、帯刀ができるとする文献がたくさん見られる。参考までに、二つだけ示すことにしよう。[23]

（1）『春場所相撲号』（昭和4年1月号、野球界社）の市川三松筆「速成相撲大通」

　「紫と紫白と朱房の上位とが草履を履いて土俵に上ることが許され、

23）　他の事例は、たとえば拙著『大相撲の神々と昭和前半の三役行司』の第5章「昭和前半の三役行司」の中でも示されている。昭和30年ごろまで三役行司は草履を履いていたとする文献はたくさんある。むしろ、草履を履いていないとする文献のほうが少ない。

　帯刀御免です。朱房で草履を履いているのは三役格です、草履の履け
ない朱房と紅白房は幕内格、緑白房は幕下十両格で、紅白以上を本足
袋とし足袋を履くことを許され、緑白房は格足袋とし、これも足袋を
履くことを許される。」(p.44)

　朱房行司が草履を履いているのであれば、昭和 2 年以降「三役行司」は
いないことになる。朱房で草履を履いた行司は誰一人としていないからで
ある。朱房行司は全員、足袋だけである[24]。これは紅白房の幕内行司と何ら
変わりない。

　昭和 2 年以降も、なぜこのような記述が非常に多いのか、不思議である。
もしかすると、昭和 3 年 5 月の規約で朱房行司が草履を履くと明記され
ているためかもしれない。実は、私自身もなぜ現実と相撲規約が乖離して
いるのかわからない。昭和 2 年春場所の番付を作成する以前に、朱房の三
役行司に草履を履かせないという何らかの話し合いがあったに違いないと
想定しているだけである。しかも、番付作成前には大阪相撲と東京相撲の
行司を審査し、順位を決定しているのである。

　昭和 9 年になっても、大正末期までの階級がそのまま生きている記述が
ある。

(2)　『相撲道』(昭和 9 年 5 月) の「行司の修練と見識」

　「行司も数年の幕内時代を経過すると、三役並みとして、小結の格式
がつき、軍扇の総も朱房を許される。それから関脇格になると軍扇は、
やはり朱総を用いるが格式は一段上で、土俵では草履をゆるされ、本
来なれば帯刀するのが正常であるが現今では、これを略している。」
(pp.15-6)

---

24)　昭和 2 年以降、朱房行司が草履を履かないことについては、たとえば拙著『大
　　相撲行司の軍配房と土俵』の第 5 章「草履の朱房行司と無草履の朱房行司」でそ
　　の証拠をたくさん示している。

この記事は『春場所相撲号』（大正 10 年 5 月号）の「行司さん物語―紫房を許される迄」を参照しているようだ。昭和初期には、確かに、三役行司は朱房だが、草履を履いていない。したがって、草履の有無で、小結や関脇を区別することもない。

　昭和 2 年以降、三役行司は朱房で、草履を履いていなかった。三役行司に対応する力士も三役力士（つまり小結と関脇）になっていた。参考のため、それを表している文献を一つだけ示しておく。[25]

・『夏場所相撲号』（昭和 8 年 5 月号）の江藤述人筆「これ丈けは心得ておくべし」の「行司」。

　「紫房―立行司である。土俵上で草履をうがち、腰に木刀をさし、軍
　　　　配に紫または紫に白を交えた房をつかう。
　緋房―力士の三役に相当する。
　紅白房―本足袋とも言い、幕内力士に相当する。
　青白房―十両力士に相当する。
　黒糸格―力士の幕下以下に相当する。」（p.159）

　この記事では朱房が「力士の三役に相当する」とはっきり書いてある。昭和 3 年 5 月の相撲規約に明記されている朱房と紅白房の力士との対応関係はすでにその時代の実態に合致していなかったし、昭和 8 年ごろの実態にも合致していなかったに違いない。

25）　他の文献は、たとえば拙著『大相撲の神々と昭和前半の三役行司』の第 5 章「昭和前半の三役行司」にリストアップしてある。昭和 2 年から 8 年までの文献については記されていないが、探せばきっと見つかるはずだ。

8.　昭和 14 年 5 月以降の朱房行司と相撲規約

　紅白房が幕内力士に、それから朱房行司が三役力士に、それぞれ対応すると規約に明確に規定されたのは、昭和 14 年 5 月の相撲規約である。

・昭和 14 年 5 月の改正規定（第 24 条）
　「紫総は横綱に、紫白総は大関に、緋総は三役に、紅白総は幕内力士に対等するものとする。」

　この相撲規約には幕内以上の行司と対応する力士が明記されているだけで、十両以下の行司と力士の対応関係は何も明記されていない。それが明記されるようになったのは、昭和 25 年 10 月の相撲規約（第 24 条）である。

・昭和 25 年 5 月の改正規定（第 24 条）
　「紫総は横綱に、紫白総は大関に、緋総は三役に、紅白総は幕内力士に対等し、足袋格の行司は十両格に対等するものとする。」

　実は、昭和 22 年 6 月に三役行司の木村庄三郎と木村正直に草履が許されている。これに関し、木村正直は次のように語っている。

・『大相撲』(昭和 38 年 1 月号)の 23 代木村庄之助談「土俵一途の 55 年」

　「雑誌記者：三役格になったのは？
　　庄之助：昭和 13 年、40 でなったのですが、だいぶ長くなったので、やめたヒゲの伊之助（当時庄三郎）といっしょに、ぞうりぐらいはかしてやれといわれて、それで格ぞうりというのが初めてできたわけです。それが 22 年の 6 月で 50 のときでした。（後略）」（p.47）

　これは特例である。当時、立行司は 3 名いて、土俵入りにはまったく支

障なかったが、三役行司のうち、例外的に草履が二人だけに許されている。対談記事にあるように、長年の功労に対し特別に優遇したのかもしれない。横綱土俵入りを引く行司の人数だけを考えれば、必ずしも許す必要などないからである。

　昭和26年5月に三役行司の木村庄三郎は副立行司に昇格し、房色も紫白房（厳密には半々紫白）に変わった。立行司の第三席だった木村玉之助は副立行司に格下げされているが、房色は変わっていない[26]。第三席の立行司はもともと紫白房だったからである。二人の行司の昇格と降格により、結果として副立行司が二人になっている。9月場所には副立行司の木村庄三郎が式守伊之助（19代）に昇格し、三役行司の木村正直が副立行司に昇格している。結果的に副立行司は木村玉之助と木村正直の二人になった。これが昭和35年11月まで続いている。

　立行司の木村玉之助の房色と副立行司の木村玉之助の房色は同じだったのか、それとも違っていたのだろうか。それについて、本章では「同じだった」としている。

　式守伊之助と木村玉之助の房色に違いがあったことは、次の文献でも確認できる。

（1）　22代木村庄之助著『行司と呼出し』の「行司の格と型」

　　「（前略）三役格は朱色、大関格は紫と白の染め分けの軍配房を使用し、福草履、帯刀を許される。昭和26年以来、"副立行司"の名称となり、木村玉之助、木村正直がつとめている。最高が立行司で、私と式守伊之助であるが、紫房は代々庄之助に限られ、伊之助は紫白房を使用している。」（p.66）

　副立行司の軍配房は「紫と白の染め分け」とあり、伊之助の軍配房は単

26）　第三席の立行司はときには「準立行司」または「准立行司」と称されることもある。

に「紫白」とある。どちらの軍配房も「紫白」に違いないが、その表現には違いがある。伊之助が「紫白」なら、副立行司は白糸が多く混じったものに違いない。[27]

木村玉之助と式守伊之助は立行司だが、席順と房色が違う。規定上は同じ「紫白」だが、実際には、紫と白の割合が異なっていた。

(2)　藤島秀光著『力士時代の思い出』（昭和 16 年）の「行司の規則」

「（前略）『紫白房』は紫と白の打交ぜの紐で、やはり立行司であり、力士の大関格である。伊之助がこれを用いる。現在玉之助は准立行司でやはり『紫白房』だが、紫色と白色が半々である。これも大関格である。『緋総』は通称朱房と言って三役格の行司が用いる。（後略）」（p.87）

伊之助は「紫白」だが、玉之助は「半々紫白」である。同じ「紫白」であっても、実際の運用では違いがある。玉之助は副立行司に格下げされたが、同じ立行司としての扱いなので、現状の半々紫白のままにしておいたに違いない。

昭和 26 年 5 月の副立行司の新設は、昭和 30 年 5 月の相撲規約に反映されている。三役だった木村庄三郎と木村正直がそれぞれ式守伊之助と副立行司・木村正直に昇格したが、残りの三役行司は依然として草履を許されていない。[28] これは昭和 34 年 11 月まで続いた。三役行司が草履を許され

---

27)　紫糸と白糸の割合だけでなく、混ぜ方にも違いがあったかもしれない。たとえば、伊之助の紫白房は紫糸の中に白糸を少しだけバラバラに混ぜていたが、玉之助の紫白房は紫糸の束を白糸の束より多めに作り、それを一つの大きな束にまとめたのかもしれない。伊之助の紫白房は紫っぽく見えるが、玉之助は白っぽい薄紫に見えたかもしれない。いずれにしても、異なる紫白房だったに違いない。

28)　昭和 34 年 11 月、三役格で辞めた行司は式守与太夫、木村庄太郎の 2 人である。木村庄之助、式守伊之助、木村玉之助（副立行司）の 3 人も辞めたため、三役格

るようになったのは、昭和 35 年 1 月である。これが現在も続いている。[29]
昭和 2 年春場所以降、三役行司には草履を許してなかったが、35 年 1 月
にはそれを許している。これについては、次のような記述がある。

(3) 『近世日本相撲史 (5)』(昭和 35 年)

「三役行司にも草履を許可の特例を設けた。これは行司の定年制、定
員制が今場所から実施されて、副立行司木村玉之助が定年退職したの
を機に、大阪相撲の立行司木村玉之助の名跡及び副立行司を廃止し、
立行司は木村庄之助、式守伊之助の二人となった。しかし、立行司が
病気で休場した場合、横綱の土俵入りに支障を来すおそれがあるので、
立行司のみに許されていた草履を、三役行司にも許可したものである」
(pp.3-4)

これまでも指摘したことだが、草履を三役行司に許した理由は横綱土俵
入りと関係がある。同時に、三役行司に草履を許したことにより、立行司
に空位ができても、急いで埋める必要がなくなった。[30] そのため、昭和 40
年代以降、木村庄之助と式守伊之助の空位が長く続くことがある。草履を
履いた三役行司が常時 3, 4 名いれば、立行司がたとえ 2 名空位になった
としても、横綱土俵入りで支障は生じない。しかも立行司の人事は理事長

の木村正直が木村庄之助(23 代)に、式守鬼一郎が式守伊之助(30 代)に、そ
れぞれ昇格した。木村正直は式守伊之助を飛び越しているので、式守伊之助を経
験していないことになる。これは大正 11 年 1 月、木村朝之助が式守伊之助を経
験せず、木村庄之助(18 代)に昇格したのと同じである。

29) 昭和 30 年 5 月と 35 年 2 月の相撲規約はこれまでの拙稿でもときどき提示して
いるし、他の文献でも容易に見ることができる。

30) 立行司の空位については、たとえば拙著『大相撲立行司の軍配と空位』の第 5
章「立行司の空位」や『大相撲行司の房色と賞罰』の第 5 章「行司の入れ替え」
でも詳しく扱っている。二人の立行司が平成 5 年 11 月から平成 6 年 3 月まで空
位だったこともある。そのあいだ、三役行司が横綱土俵入りを引いた。

の専権事項であり、行司会としてはどうすることもできない。三役筆頭が
式守伊之助を襲名するとも限らないのである。

9.　今後の課題

　明治末期から大正末期まで朱房行司には草履を履ける「三役行司」と草
履を履けない「幕内行司」がいたことを調べてきたが、すべてが明確にな
ったわけではない。明確になったものもあるし、そうでないものもある。
本章で明確になったと指摘しているが、実はそうでないものがあるかもし
れない。ときには、確証がないのに、推測で判断したものもある。

　本章では朱房行司に「三役行司」と「幕内行司」があったと指摘してい
るが、「三役行司」しか認めていない文献も少なくない。そうなると、何
が真実なのかを問わざるを得なくなる。本章では、そのような文献は事実
を正しく反映していないとしているが、その指摘が本当に正しいのだろう
か。もしかすると、朱房は「三役行司」だとする文献にも何か理由がある
かもしれない。そうだとすれば、それは何なのだろうか。

　本章ではいくつか指摘をしているが、その真偽は今後も検討しなければ
ならない。同時に、解決すべき問題点もある。それをいくつか、次に示し
ておく。

(1)　三役行司が草履を履くのは、実は、明治末期には当たり前のことだっ
　　たので、昭和 35 年 1 月から草履が履けるようになったとしても、そ
　　れは元に戻ったというだけで、特に珍しいことではないかもしれない。
　　いくらか変化があったが、また、原点に戻ったという印象を受ける。
　　変化にはそれなりの理由があった。本章ではそれについて少し触れて
　　いるが、他にも理由があるかもしれない。どのような理由があるのだ
　　ろうか。

(2)　式守与太夫・他談「行司さん物語—紫房を許される迄」(『春場所相
　　撲号』、大正 10 年 5 月号) では、草履を履けない朱房行司は力士の

小結に対応するとしているが、これは正しいのだろうか。明治末期の草履を履かない朱房行司も同じ対応をしていたのだろうか。草履の朱房行司が対応する力士と無草履の朱房行司が対応する力士は、明治以降大正末期まで、変わっているのだろうか。それとも変わっていないのだろうか。

(3)　昭和3年5月の相撲規約では、紅白房と無草履の朱房行司が対応する力士は必ずしも明確でない。無草履の朱房行司はどの力士に対応しているのだろうか。幕内上位力士だけに対応しているのだろうか。三役行司の小結にも対応しているのだろうか。実態はどうだったのだろうか。

(4)　本章では昭和2年春場所以降、三役行司は草履を履けなかったとしている。いつ、どこで、三役行司は草履を履けないと決まったのだろうか。本章では合併相撲で行司を審査するときに決まっていたとしているが、それは正しいのだろうか。それとも、審査で順位を決めてから、昭和2年春場所の番付を作成する前に決めたのだろうか。

(5)　昭和以降でも、朱房の三役行司は草履を履き、帯刀できるとする文献は非常に多い。それをどのように解釈すればよいのだろうか。本章ではそれは事実を正しく反映していないと指摘しているが、それは正しいのだろうか。

(6)　昭和35年1月以降、三役行司の人数もかなり制限されている。本章では朱房行司や三役行司の人数について系統立てて調べていない。三役行司の人数と草履の許可にはどんな関係があるのだろうか。

(7)　21代庄之助の自伝『ハッケヨイ人生』に大正15年1月に三役行司になり、朱房を持つようになったとあるが、それは事実を正しく語っているのだろうか。式守与之吉と名乗っていた大正11年1月に「幕

内上位行司」あるいは「幕内行司」になっている。すなわち、朱房を
許されている。なぜ大正15年1月に「朱房を持つようになった」と語っ
たのだろうか。また、その年に「三役行司」になったと語っているが、
それは事実だろうか。それは大正15年の春場所と夏場所の番付で確
認できるのだろうか。確認できないとすれば、それはなぜだろうか。

　ここで指摘した問題点を解決するには、文献資料が必要になるが、資料
不足が否めない。大正時代の相撲資料を所蔵している公共の博物館が非常
に少ないのである。しかし、数少ない資料の中であっても、見落としてい
るものがあるかもしれないし、異なる解釈ができるものがあるかもしれな
い。

第5章　行司の役割再訪

1.　本章の目的

　行司はさまざまな仕事をしている。これまで拙著では主に行司に関することを扱っているため、拙著すべてが行司とかかわりある。しかし、行司の仕事全般を扱っているものとなると、おのずと限られてくる。それを次に示す。

(1)　『ここまで知って大相撲通』、平凡社[1]。
(2)　『大相撲と歩んだ行司人生 51 年』（33 代木村庄之助と共著）、英宝社。
(3)　『大相撲行司の世界』、吉川弘文館。
(4)　『詳しくなる大相撲』の第 4 章「行司」、専修大学出版局。

　ここでは、これまでも折に触れて紹介してきた行司の役割の中からいくつか取り上げ、それをもう少し深く紹介している。取り立てて新しい提案や主張はしていない。これまで初心者向けの相撲の本などで簡単に説明されていることにもう少し詳しく肉付けしてある。そういう軽い気持ちで扱っているので、相撲に詳しい人にとっては知識の再確認だけになるかもしれない。

---

1)　最初の拙著『ここまで知って大相撲通』には内容にミスがけっこう散見される。書名と矛盾する内容があることをお詫びしておきたい。その後の拙著でミスはかなり修正してあるが、その修正を読んでいない方もいるはずなので、ここでもそのことを指摘しておきたい。

2. 番付書き[2]

　戦後になって、番付は行司が書くようになった。そのことについて、最初の書き手だった式守伊三郎（のちの式守鬼一郎、24代木村庄之助）は、次のように語っている。

・24代木村庄之助談「行司生活五十五年」（『大相撲』、昭和39年7月号）

「（非公式に：本書補足）20年の5月場所から、私が番付の文字を書くことになった。21年11月に、正式に取締会からの命令で、新番付を私が書くことになり、版元の根岸家から印刷も協会が一切正式に譲り受けることになった。いずれにせよ、現役行司が番付を書いたのは私が最初である。だいたい相撲の番付の字というのは、勘亭流といわれているが、実際はそうじゃない。勘亭流というのは流儀じゃないので、これはもともとカブキ専門の字で、これを書いた人が、自分でしゃれて勘亭流とつけたものだそうである。
　相撲の字と言えば番付の字で、一種独特の勘亭流のような字体に見えるが、元来は楷書である。（後略）」（p.49）

　番付の書き手は何人か変わっているが、すべて行司である。誰が書き手だったかを、次に示す。書き手を中心にしてある。助手がいたり、いなかったりしているが、その助手が明確な場合は、それも示す。助手がいたかもしれないが、それが明確でない場合は示していない。

---

2)　行司の番付書きは行司の役割仕事の一つである。番付を書く役割は確かに重要だし、人目を引くが、他の役割仕事と同じ扱いである。その仕事内容が独特なので、どの行司でも担当できるというものではない。ここで取り上げたのは、番付書きが特定の行司によって、ある一定の期間、代々受け継がれてきたからである。

(1) 昭和 19 年 11 月〜 26 年 1 月[3]　式守伊三郎（のちの 5 代式守鬼一郎、24 代木村庄之助）

(2) 昭和 26 年 5 月〜 41 年 9 月　式守勘太夫（のちの年寄・鏡山勘太夫）

(3) 昭和 41 年 11 月〜 57 年 9 月　式守清三郎（のちの 10 代式守与太夫）
・昭和 45 年に木村林之助（のちの 2 代容堂、30 代庄之助）が助手として参加。

(4) 昭和 57 年 11 月〜 59 年 11 月　木村庄二郎（のちの 26 代式守伊之助）
・木村林之助（3 代）と式守敏廣（のちの 36 代庄之助）が助手として参加。[4]

(5) 昭和 60 年 1 月〜平成 12 年 1 月　木村林之助（のちの 2 代木村容堂、30 代木村庄之助）
・引き続き、式守敏廣（のちの 36 代庄之助）が助手として参加。
・昭和 63 年に木村恵之助（のちの 3 代容堂）も助手として参加。

---

3)　『大相撲』(昭和 39 年 7 月号) の 24 代木村庄之助談「行司生活五十五年」に「(前略) 26 年まで番付を書いていたが、この年の 5 月場所から、式守勘太夫（現鏡山）にゆずり渡した。」(p.49) とある。式守伊三郎の番付書きの終わりと式守勘太夫の始まりに関しては、文献によって異なる年月が見られるが、ここでは本人が語っている年月を採用することにした。橘右橘著『図説　江戸文字入門』（平成 19 年）では「26 年 5 月まで」とはっきり書いてある。しかし、たとえば、『相撲』編集部編『知れば知るほど行司・呼出し・床山』（平成 31 年）では、伊三郎は「昭和 26 年 9 月まで」、勘太夫は「昭和 27 年 1 月から (p.39)」となっている。どちらが正しいかは、もう少し調べる必要があるかもしれない。

4)　『大相撲』(平成 9 年 1 月号) の相撲ルポライター・布能千紗子筆「陰の主役たち——裏方訪問〈木村容堂さん（三役行司）〉」に「(木村容堂は：本書注) 昭和 45 年から、番付の助手を務めるようになり、第 26 代式守伊之助さん（故人）が庄二郎時代に 2 〜 3 年、番付の幕下以下を担当。」(p.130) とある。

（6）平成 12 年 3 月〜平成 19 年 9 月　式守敏廣（のちの 9 代式守与之吉、
　　36 代木村庄之助）
・引き続き、木村恵之助（のちの 3 代木村容堂、次の書き手）として参加。
・平成 12 年 11 月より木村要之助も助手として参加。

（7）平成 19 年 11 月〜現在　木村恵之助（のちの 3 代木村容堂、三役）
・引き続き、木村要之助が助手として参加。
・木村勘九郎も助手として参加。

　番付に関しては、視点の置き方によってさまざまな文献があるが、書き
手や版元の変遷に関しては、次の文献を示しておきたい。[5]

（1）　戸谷太一編『大相撲』、学習研究社、昭和 52 年（1977）。小島貞二
　　筆「番付にみる大相撲二百年」（pp.267-309）。
・宝暦以降の番付とその特徴などを詳しく解説している。

（2）　池田雅雄著『大相撲ものしり帖』、ベースボール・マガジン社、
　　1990。「番付『相撲字』の変遷」（pp.140-2）。
・相撲字と勘亭流の違いや相撲字の流れ、版元の変遷などについて詳し
　い解説がある。

（3）　橘右橘著『図説　江戸文字入門』、河出書房新社、2007。第 2 章「江
　　戸文字さまざま」、「相撲字」の項（pp.50-101）。
・昭和 20 年以前の番付の版元・三河屋治右衛門や相撲協会に版元が変
　わったことなども概説してある。

5）　他にもっとたくさんの文献があることは確かだ。番付は相撲界の人事に関する
　　情報が記載されているので、どこに視点を置くかによって見方が変わってくる。
　　しかも、番付は宝暦期からほとんど連続的に残っており、歴史を考慮するような
　　見方を加味すると、奥行きがそれだけ広くなる。

(4)　36 代木村庄之助著『大相撲―行司さんのちょっといい話』、双葉社、2014。第 3 章「相撲字の世界」（pp.66-107）。
・自身が番付の書き手だったので、その経験談や相撲字の書き方、番付全般の書き手の心構え、書き手の特徴、書き手の心構え、などが具体的に説明されている。

3.　行司監督の役割[6)]

　行司監督は 3 名で、任期は 2 年。三段目行司以上が無記名投票で選出する。上位 3 名が監督となるので、三役、幕内、十両という階級からそれぞれ一人というわけでもない。29 代庄之助によると、以前は、三役 1 名、幕内 1 名、十両 1 名となっていた。行司監督は単に「監督」と呼ぶことが多い[7)]。3 名にはそれぞれを区別する名称はないという。監督は具体的には次のような仕事をする。

(1)　新弟子行司（入門 1 年くらい）が取組を裁く際の作法を指導する。
(2)　行司の仕事の役割を決める。

---

6)　行司監督、木戸書記、先発書記、横綱土俵入り先導、三役格の顔触れ、行司の役割分担については、木村元基（幕内行司、行司監督）にたくさんお世話になった。細かいことをたびたび尋ねても、細かく教えてくれたので、たくさん新しいことがわかった。

7)　『東京朝日新聞』（明治 36 年 5 月 29 日）には「行司中の若者頭といえば、木村進、木村宗四郎、木村大蔵の三名なりという」とあり、これが行司監督に相当するはず。『読売新聞』（明治 33 年 1 月 2 日）の「相撲だより」にも木村小市と木村進が「若者頭」とある。大正初期にもその「若者頭」が見られる（21 代木村庄之助著『ハッケヨイ人生』、p.70）。式守与太夫・他談「行司さん物語」（大正 10 年 5 月号、p.104）にも「行司の若者頭たる與之吉、誠道から（後略）」と書いてある。この「若者頭」から現在の「監督」までに名称が何度か変化している。昭和に入ってからでも世話役、監督、監事、監督などと幾度か変わっている。どのように変化があったのか、深く調べていない。現在の「若者頭」は、行司とまったく関係ない呼称である。

(3)　土俵入りを先導する行司の順番を決める。

(4)　行司の仕事上の出来事を記録する。

(5)　場所ごとの行司の席順や状況を記録する。これは「行司連名帖」として残っている。[8]

(6)　立行司が差し違いをしたとき、立行司と一緒に理事長室に行き謝罪する。[9]

(7)　巡業手当や装束補助費などの手当支給の窓口となる。

(8)　行司総会での司会役を務める。

(9)　土俵祭の司会は普通、年長の監督が務めるが、儀典係が臨時に務めることもある。

(10)　その他、細々とした事務的雑務を行う。たとえば、新加入する行司の採用に必要な書類（履歴書、住民票、戸籍謄本〈抄本〉等）の確認と協会事務所への提出、協会と行司の連絡の窓口となり、決定事項を行司会員に通達することなど。簡単に言えば、監督は「協会と行司会のつなぎ役」である。

4.　木戸書記（平成6年以前）

行司役割の中で巡業部書記のこと。「木戸」とは出入り口という意味でもあるが、平成6年までは勧進元主催の巡業の際、経費や諸々を預かったり、管理したりし、勧進元と協会の折衝の役割を資格者以上約5人の行司で分担したりしていた。協会側の窓口も「木戸」と呼んでいたことから「木戸書記」と呼ぶようになった。

平成7年から同14年まで巡業は協会主催となり、15年から勧進元主催

---

8)　現在残っているのは昭和5年5月以降のものである。それ以前にもそのような記録書があり、所蔵してあったが、紛失したのかどうか確かでない。なお、この記録書は内部用の記録であり、非公開を前提としている。

9)　文献ではよく「差し違え」とあるが、現在は審判部も行司も「差し違い」と言っている。

に戻ったが、巡業も経費を始め協会本部の一括管理となったため、これまでのような役割ではなくなった。しかし、現在も巡業部の事務的な役割は続いており、名残として今も「木戸書記」と呼ぶことがある。本場所に関して「木戸書記」と呼ぶことはない。

5.　先発書記

　巡業興行日の 10 日前に協会から派遣された親方が現地に入り、勧進元が手配した宿泊先や興行当日朝の相撲会場への移動手段等、決定事項を親方の 3 日後、興行当日の一週間前に現地に入り、書類に整理して一つ前の興行地に知らせる役割を「先発書記」と呼ぶ。

　幕下格と三段目格の若手行司が 2 名一組の二班にわかれて一箇所二泊三日のペースで移動しながら担当する。

　メンバーは固定せず、巡業ごとに変わる。この期間は、行司としての事務的能力が、最も成長する極めて大事な時期と言える。

6.　横綱土俵入り

A.　横綱土俵入りの先導　〈順番について〉

　横綱の人数に関わらず、2 名以上横綱が出場する場合は、下記のとおりとなる。

(1)　立行司 2 名のケース

　(a)　大相撲の本場所で言う奇数日（初日、3 日目、5 日目、7 日目、9 日目、11 日目、13 日目、千秋楽）
・庄之助が東、伊之助が西を先導する。

　(b)　偶数日（2 日目、4 日目、6 日目、8 日目、10 日目、12 日目、14 日目）

・庄之助が西、伊之助が東を先導する。

この奇数日と偶数日は横綱の人数に関係なく、同じである。

(2)　立行司 1 名、三役格 4 名のケース

　(a)　奇数日に東を、偶数日に西を立行司が先導する。

　(b)　三役格は奇数日に西、偶数日に東を先導する。

この法則が基本だが、時として諸事情により変わることがある。

(3)　特殊なケース

　　横綱 3 名のときに番付最上位の東正横綱が初日から全休した場合。

　(a)　立行司 2 名のケース
　　　奇数日に西を庄之助、東を伊之助が先導し、偶数日は逆方向（西東
　　→東西）を先導する。

　(b)　立行司 1 名のケース
　　　奇数日に西を立行司、東を三役格が交代で先導する。偶数日は逆方
　　向（西東→東西）を先導する。

B.　横綱土俵入りの先導　〈三役 4 名の順番について〉

　　最近の 4 横綱時代は、平成 29 年 3 月場所から同年 11 月場所の 5 場所
だった。当時は、立行司が 40 代伊之助一人だけ。三役格は上から勘太夫(現
41 代伊之助)、玉治郎、容堂、庄太郎の 4 人だった。記録が残っておらず、
記憶もあいまいだが、当初は上から初日＝勘太夫、2 日目＝玉治郎、3 日

目＝容堂、4日目＝庄太郎というように、順番を決めていた。

　しかし、このあいだ、4横綱のうち誰かが休場して、4人揃って皆勤した場所は1場所もなかった。その後、横綱も1人、2人と引退し、今も立行司1名、三役格4名の状況であり、現在は奇数日に割場担当の容堂と晃之助、偶数日に場内放送担当の玉治郎と監督の庄太郎が先導するようにしている。

　理由として、偶数日の十両取組中に、幕下以下全取組の編成会議が行われ、割場担当の容堂と晃之助が携わるため、土俵入りの支度に間に合わない場合があるからである。また、たとえば、偶数日だと2日目は玉治郎で、4日目は庄太郎といった決まった法則もなく、本場所直前に本人同士で相談して決めているようで、実際のところ場所ごとに変わっている。

　これは横綱の人数に関係なく、三役格4人が先導する際は、その場所ごとに話し合って決めている。

(1)　3横綱が出場した際、東が2名、西が1名、またはその逆（東1名、西2名）であっても、基本的に、横綱の人数によって先導を変えることはない。

(2)　「顔触れ言上」も奇数に庄之助、偶数日に伊之助が行う。
　　「顔触れ言上」の兼ね合いで、本来であれば立行司2名のとき、奇数日に庄之助、偶数日に伊之助が言上を行うと、「奇数日＝庄之助、先導2回と顔触れ言上、伊之助先導1回」となるため、先導だけ伊之助が2回行うということもありうるが、そういうことがこれまでにあったかどうか確かでない。それ以上に、横綱が3人以上出場したときは、顔触れ言上を行う時間がほとんどないため、推測にしか過ぎない。

C.　横綱1名出場

(1)　立行司2名のケース

・奇数日に庄之助、偶数日に伊之助が先導する。「顔触れ言上」も同様に行う。

(2)　立行司 1 名、三役格 4 名のケース

・立行司が通して先導し、三役格は行わない。「顔触れ言上」も同様である

D.　三役格の「顔触れ言上」について

　最近では昨年（令和 2 年）7 月場所に 41 代伊之助が休場したため、三役格 4 人で行った。この場所、鶴竜関が 2 日目から、白鵬関が 13 日目から休場したが、それまでは横綱土俵入りがあったため、三役格で先導していた。[10] その横綱土俵入りを先導した三役行司がそのまま顔触れ言上も行っている。

　初日のみ 2 横綱出場したが、返還式で顔触れ言上はなかった。2 日目から 12 日目は横綱 1 人、13 日目からは横綱不在だったが、この場所はなぜか十両取組終了までの時間が押し気味で、顔触れ言上は数回しかできず、誰が行ったか記憶があいまいである。

　また、確か昭和 59 年ごろは立行司が 2 名いながら、三役格（当時は伊三郎と先代の庄太郎）も顔触れ言上を行っている。昭和 50 年代の相撲雑誌にも 28 代庄之助がまだ三役の錦太夫時代に顔触れ言上をしている写真が掲載されている。なぜ立行司が 2 名揃っていながら、三役の錦太夫が行ったか、その理由はわからない。

---

10)　横綱白鵬は令和 3 年 9 月場所（秋場所）後に引退した。9 月場所の番付では東の横綱として記載されているが出場しなかった。9 月場所に照ノ富士が横綱に昇進し、その場所で優勝している。本書の執筆は、横綱白鵬が現役力士だった頃である。

いずれにしても、三役行司が顔触れ言上を行うことがある。立行司が不在のときだけとも限らない。理由があるはずだが、それはまだ調べていない。

7.　土俵祭係の役割[11)]

　土俵祭の係は2名で、任期は決まっていない。幕下以上の行司が普通係になっているが、それも決まっているわけでない。係は指名制である。他の行司や他の仕事との兼ね合いなどを考量して、係は決めることになる。任期はないが、2人を同時に変えることは普通やらない。一人を残し、仕事に支障がないようにしている。土俵祭係が現在、どのような仕事をしているかを記しておきたい。

A.　初日の前の木曜日

(1)　土俵祭の3日前(つまり木曜日)に祭幣(御幣、幣帛ともいう)を作り、鎮め物を準備する。行司は御幣のことを「しへい」と呼んでいる[12)]。土俵祭に使う祭幣は7本とも同じである。

---

11)　これは現在土俵祭係をしている木村亮輔（幕下行司）に随分お世話になった。改めて感謝の意を表したい。

12)　この「しへい」を「紙幣」と表すか、それとも「四幣」と表すか、はっきりしない。行司は「紙幣」ではないかと語っているが、その場合は、おそらく「紙」で作る「幣」を連想しているのかもしれない。もちろん、「お金」の「紙幣」ではないはずだ。明治時代の文献、たとえば『角力新報』(明治31年8月号)の「土俵祭次第」(pp.54-5)では幣の数を表す「一幣」、「四幣」、「七幣」などが使用されている。土俵の四隅に立てる四季の4本の幣が「四幣」で、それがいつの間にか「しへい」になったのかもしれない。それにしては、土俵祭では昔から「七幣」が使われているので、「四幣」にも問題がある。いずれにしても、行司がよく使う「しへい」をどの漢字で表すのか、はっきりしないのである。「紙幣」が正しいのだろうか。なお、三木愛花・山田伊之助著『相撲大観』(明治35年)の「初日の土俵浄め」(p.327)にも「四幣」が使われているが、まったく関係ないだろうか。本書第6章の「5.八幡幣」を参照。

(2)　国技館正面入り口近くにある櫓に飾る出し幣（だしっぺい／だしべい）を作る。櫓から出ている竿は2本なので、出し幣も二つ作る。櫓から出ている竿の先に括り付ける幣を出し幣という。この出し幣は麻で作られる。

B.　土俵祭当日

(1)　榊と酒を準備し、木曜日に準備した物と一緒に土俵に持って行き、呼出しに渡す。
(2)　土俵祭が終わると、3本は神棚に千秋楽まで保管する。他の4本は四隅の房に呼出しが括り付けておく。それは千秋楽まで括り付けてある。

C.　千秋楽

(1)　手打ち式で使う酒を準備し、祭幣1本と一緒に呼出しに渡す。このお酒はお神酒と呼ぶこともある。
(2)　手打ち式と神送りの儀式が終了すると、行司は祭幣1本を行司部屋に持ち帰る。この時の行司は世話係ではなく、胴上げされた行司の場合が普通である。
(3)　鎮め物を呼出しに掘り出してもらい、行司部屋で保管する。
(4)　一時的に保管していた鎮め物は、協会事務職員に2場所分を渡す。それを各一門の審判親方代表5名が、東京場所前に野見宿祢神社に奉納する。
(5)　鎮め物は次の土俵祭の準備をする日に渡す。たとえば、9月場所なら、木曜日あたりに5月分（東京場所）と7月分（名古屋場所）をまとめて渡すことになる。
(6)　土俵祭道具の管理をする。
(7)　新しい部屋の土俵開き等に貸し出しの手伝いをする。
(8)　その他の催し物（たとえば断髪式等）で使う道具の貸し出しをする。

(9)　榊や酒は毎場所、その他は無くなったら手配をする。

　土俵祭については文献でも詳細に記述されているが、それを裏方として準備する担当者の行司について詳細な記述を見たことがない。裏方がどんなことをしているのか、記録しておくと、いつか何かの役に立つと思い、取り上げることにした。ここでまとめてあるものは現在行われていることである。以前の土俵祭で、誰がどのような準備をしていたのかは、不明である。部分的な記述なら、あるかもしれない。それと比較し、どこがどのように異なり、どこが酷似しているか、調べてみたらどうだろうか。

8.　土俵祭[13]

　大相撲の場所中、土俵には神が臨在している。神は土俵祭でお迎えし、千秋楽に土俵上の儀式「土俵手打ち式」（厳密には「神送りの儀式」）でお見送りをする。

　土俵祭は初日の前日の午前中に行われる。祭主は立行司で、幕内行司一人と十両行司一人が脇行司となる。この祭は一定の式順で行われるが、祝詞やお祓いの仕方などは神道の神事で行われるものと酷似している。土俵祭では天長地久、風雨順次、五穀成就、そして相撲の神の加護を祈願し、神を迎え入れるのだ。

　祭壇では前面に三本の御幣、左右に二本ずつ御幣が立てられている。この七本の御幣の内側には三宝が二基あり、一方に神酒、他方に鎮め物を入れた袋が置かれる。左右の四本の御幣は一方角を表す四神の依り代である。御幣は祭の後、土俵の屋根の四隅から垂れ下がる四色の房に括りつけられる。

　残りの祭壇前面の三本の御幣は、相撲の神の依り代である。この御幣は場所中、行司部屋の神棚に祀られる。以前は、代表として一本だけ祀られ

---

13)　これは『いとをかし─特集「祭」』（Vol.28、2017 年 7 月 1 日、発行・西口屋是清）に掲載した短い拙文である。

たこともある。千秋楽の全行事終了後には土俵に持ち込まれ、神送りの儀式で使われる。

　また、土俵の屋根から垂れ下がる四色の房は、それぞれの方角と四神を表し、四神は四季も司る。これらは中国思想の五行説や四神信仰に基づいており、東の房色は青で青龍神（春）、南は朱で朱雀神（夏）、西は白で白虎神（秋）、北は黒で玄武神（冬）を示す。

　土俵祭で迎えた四神は御幣を依り代とし、土俵を見守っているのである。吊り屋根の下の紫色の水引幕の張り方にも一定の決まりがあり、その手順は太陽の運行と四季の変化を表すという。

　土俵の屋根は神明造りで、切妻屋根。これは伊勢神宮内宮の屋根を模したもので、昭和六年の天覧相撲が契機となっている。相撲が天皇と歴史的に深く結びついていることを物語る。

　屋外にある太鼓櫓、その頂上近くからは、二本の竿が横に突き出ている。竿の先端に結びつけられた麻と紙垂の出し幣（だしっぺい）は、場所中よい天気に恵まれることを願う徴である。昔は野天で相撲を開催し、天気に左右されていた名残だ。

　このように、現在も古来の姿を見ることができる大相撲。その土俵は神が見守る聖域であり、土俵祭は神事なのである。

9.　行司の役割分担（令和3年7月場所現在、本場所）

(1)　場内放送
　　　玉治郎、寿之介、錦太夫、朝之助、光之助、吉二郎、善之輔、亮輔、悟志、友和、志豊、桜之助、辰之助（13名）
(2)　割場
　　　容堂、晃之助、勘太夫、鬼一郎、隆男、行宏、慎之助、勘九郎、千鷲、秀朗、隆之助、輝乃典、一馬、錦太郎、正一郎、誠輔、海之助（17名）
(3)　星取表
　　　秋治郎、銀治郎、一輝（3名）
(4)　監督

　　庄太郎、元基、要之助（3 名）
(5)　巡業書記
　　庄太郎、寿之介、秋治郎、慎之助、善之輔、亮輔（6 名）
(6)　割場（巡業）
　　玉治郎、晃之助、勘太夫、鬼一郎、隆男（5 名）
(7)　場内放送（巡業）
　　錦太夫、行宏、吉二郎（3 名）
(8)　輸送係
　　元基、銀治郎、朝之助、光之助、千鷲、悟志（6 名）
(9)　本番付書記
　　木村容堂、木村要之助、木村勘九郎（3 名）
・この 3 名は巡業および花相撲には基本的に参加しない。
(10)　先発書記要員
　　秀朗、一輝、隆之助、友和、輝乃典、志豊、一馬、錦太郎（8 名）

　(a) 8 名内で、2 人 2 組＝ 4 名が先発書記。
・残り 4 名は本体に参加して割場または場内放送に就く。巡業ごとに変
　更する。
　(b) 割場または場内放送要員　　正一郎、桜乃助、誠輔、辰之助、海之助（5
　名）
・この 5 名は巡業中、割場または場内放送に必ず従事するが、専属では
　なく巡業ごとに入れ替わることがある。

10.　今後の課題

　本章で取り上げた項目は行司の仕事の一部分である。行司は他にもいろ
いろな仕事を分担して行っている。それぞれの仕事に注目し、当事者など
と語り合えば、ガイドブックなどに記されていること以外にもっと詳しい
ことがわかるかもしれない。外から傍観者的に見るだけでなく、関わり合
っている当事者にじかに当たり話を聞けば、思いもよらぬことがわかるこ

ともある。

　本章は行司の仕事の一部に光を少し当てて眺めることが目的であったので、その仕事に関する知見が少し広くなってくれれば目的を達成したことになる。本章では扱ってきた仕事の内容に関し、ある一定の主張をしたり問題を提起したりするという考えはまったくない。そういうスタンスだったので、他の章の末尾に見られる「今後の課題」のように、取り立てて言及すべきことがない。

　もちろん、現実の仕事を離れ、それが歴史的にどのように発展してきたかなどを調べるとなると、話は別である。現在の姿は過去の積み重ねの結果だという見方をすれば、行司の仕事にもそれぞれ歴史がある。それを追究していくのも興味あることだが、本章ではそのことにほとんど関心を払っていない。それでも、本章で扱ってきたことが、読者を満足させ、さらに今後の研究に何らかの形で役立ってくれたら、大変喜ばしいことである。

第6章　課題の探求再訪

1.　本章の目的

　これまで、幾度となく軍配房の色や御幣のことを取り上げて、それについてもいくつか自分なりの指摘や主張をしてきた。その指摘や主張をするには、もちろん、テーマと関連あるさまざまな文献や資料を参考にしている。しかし、自分の指摘や主張をしていながら、常に全面的に満足していなかったのも確かである。何か心に引っかかるものがありながら、公表してきたものも少なくない。ときには主張の裏づけとなる証拠がなく、推測や思い込みで判断をすることもあった。ところが、その推測や思い込みをくつがえすような資料が後で見つかり、戸惑うこともあった。それでも、それを修正する機会があればよいが、その機会が訪れず、そのままになってしまったものもある。

　ここでは、これまで扱ってきたテーマの中で、とりわけ気になっている課題をいくつか取り上げ、どのような問題点があるかを提示してある。解決したことを示すのではなく、まだこれからも解決すべき問題点があることも指摘している。実は、私の能力を超えている問題点もいくつかあるので、今後、誰かが解決してほしいという願いも込められている。

2.　副立行司の半々紫白房

　昭和2年の立行司・木村玉之助は第三席で、式守伊之助と同じ「紫白」だったが、運用面では伊之助の「（真）紫白」と違い、「半々紫白」だった。その違いは、二つの文献で確認できる。

(1)　相撲規則の規定（昭和 3 年 5 月）の第 25 条

　　「行司はその職務の執行に就いては絶対の機能を有し、紫房は横綱に、
　　紫白房は大関に、紅白及び緋総の行司は幕内より関脇までの力士に対
　　等し、（後略)」

　この規則では式守伊之助と木村玉之助を紫白房で、大関に対等するもの
とし、房色では同じ「紫白」としている。しかし、その「紫白」には区別
があったという。

(2)　藤島光秀著『力士時代の思い出』（昭和 16 年）

　　「現在玉之助は准立行司でやはり「紫白房」だが、紫色と白色が半々
　　である。これも大関格である。」

　相撲規則（第 25 条）だけを見、『力士時代の思い出』を見なければ、
式守伊之助と木村玉之助は大関格で、同じ「紫白房」と思っていたに違い
ない。ところが、第二席と第三席には房色に違いがあったのである。
　それから、昭和 26 年 5 月に立行司と三役格のあいだに「副立行司」が
新設され、立行司（第三席）だった木村庄之助はその「副立行司」が格下
げされた。また、同年同月に三役行司（筆頭）の木村庄三郎も副立行司に
昇格した。つまり、副立行司が二人になった。順位は木村玉之助（筆頭）、
木村庄三郎（第二席）だった。同年 9 月に木村庄三郎がその木村玉之助
を飛び越えて、式守伊之助（19 代）に昇格した。その同月に三役（筆頭）
の木村正直が副立行司に昇格した。26 年 5 月には式守伊之助（18 代）が
辞め、続いて木村庄之助（22 代）に昇格している。副立行司は昭和 34 年
11 月に廃止されている。
　それでは、この副立行司の房色は何色だったのだろうか。それに興味を
抱いて調べてみると、房色を記した文献がいくつかある。

(1)　出羽海秀光著『私の相撲自伝』(昭和 29 年[1])

　「『紫白房』は紫と白の打ち交ぜの紐で、力士の大関格である。副立行
　司の玉之助と正直はやはり『紫白房』だが、紫と白が半々である。」

　この「紫と白が半々」は先に見た『力士時代の思い出』に見た表現とま
ったく同じである。このことから、副立行司は立行司の下に格下げになっ
たが、房色に変化がなかったことがわかる。木村玉之助はこれまでの軍配
房をそのまま使用できたが、木村正直は朱房から半々紫房に変更したこと
になる。ちなみに、木村庄三郎は副立行司を一場所しか務めていないが、
そのあいだはやはり半々紫白房に変えたに違いない。一場所であっても、
いつ昇格するか、また昇格するとも限らないし、軍配房色は階級色だから
である。副立行司・木村庄三郎の房色「半々紫白」は文献からの推測であ
る。庄三郎自身は自伝『軍配六十年』や雑誌対談などでも当時の房色につ
いては述べていない。
　副立行司の房色が紫と白の「半々」だったことは、次の文献でも確認で
きる。

(2)　『大相撲』(昭和 31 年 9 月号) の「立行司」

　「『紫房』は力士の横綱に相当し、現在は庄之助のみが許されている。『紫
　白房』は紫と白の打ち交ぜの紐で、力士の大関格であり、伊之助はこ
　れを用いているが、副立行司の玉之助と正直は、紫と白が半々になっ
　ている。やはり一種の紫白房を使用している。」(p.28)

　このように、副立行司は格下げされているが、はやり立行司の異種であ
ることがわかる。紫と白は半々であっても、「紫」を使用しているからで
ある。

---

　1)　『力士時代の思い出』と『私の相撲自伝』は書名が違うだけで、内容は同じである。

この『私の相撲自伝』や『大相撲』のように明確な房色を書いてないが、文脈から色の違いがあったことを示唆する文献がある。

（3）22代木村庄之助著『行司と呼出し』の「行司の格と型」

「（前略）三役格は朱色、大関格は紫と白の染め分けの軍配房を使用し、福草履、帯刀を許される。昭和26年以来、"副立行司"の名称となり、木村玉之助、木村正直がつとめている。最高が立行司で、私と式守伊之助であるが、紫房は代々庄之助に限られ、伊之助は紫白房を使用している。」（p.66）

この記述によると、式守伊之助は「紫白房」であり、木村玉之助と木村正直は「紫と白の染め分け」の房である。これは色の違いがあったことを述べているが、紫と白の割合までは述べていない。木村玉之助と木村正直が式守伊之助と何らかの形で違うらしいのである。もしかすると、「染め分け」という言葉遣いにヒントがあるかもしれない。副立行司は「染め分け」だが、伊之助は「打ち交ぜ」かもしれない。

「染め分け」は白を一束にし、何束かを別々の箇所にまとめて混ぜる意味に使い、「打ち交ぜ」は白をバラバラに混ぜ合わせるという意味に使っているのかもしれない。しかし、『私の相撲自伝』と『大相撲』ではどちらも「打ち交ぜ」となっているので、「染め分け」とか「打ち交ぜ」は同じ意味で使われている。違いがあるかどうか、わからない。

現在は、紫白や紅白は「染め分け」になっている。言葉の遣い方は別にしても、副立行司の房色が「半々紫白」だったことは確認できた。「半々紫白」であったことを記した文献がもっとたくさん見つかることを期待している。

3. 第三席の准立行司の房色

拙著、たとえば『大相撲立行司の軍配と空位』の第2章「准立行司と半々

紫白」では、第三席の准立行司の房色は「半々紫白」だと指摘してきた。たとえば、木村進、木村誠道、木村朝之助、式守与太夫、式守勘太夫は立行司の第三席だったとき、状況証拠などから「半々紫白」だったとしている。「紫と白が半々」だというそのものずばりの表現はなかったが、白糸が伊之助の房より多めに混じっていることが確認できる文献が多く見つかっている。これは間違いのない指摘だと思っている。

　ところが、明治時代の木村庄三郎の房色に関しては、例外的に「（真）紫白」、つまり式守伊之助の紫白房と同じだったとしている。[2]第三席にもかかわらず、「半々紫白」ではなかったと指摘しているのである。状況証拠としては、たとえば、新聞記事に次の記述があることを上げている。

(1)　『都新聞』（明治37年5月29日）の「紫白の房と上草履」

　　「行司式守伊之助は昨日より紫白混じり房、同木村庄三郎は土俵の上
　　草履使用、いずれも協会より免されたり」

　この記事によると、式守伊之助は「紫白」房を許されている。木村庄三郎は翌年（すわわち38年）に立行司に昇格している。

(2)　『都新聞』（明治38年5月15日）の「真立行司木村庄三郎と上草履」

　　「この度、相撲行司吉田追風より麻上下を許されて立行司にはなりた
　　るなり」

---

2)　ここでは、木村庄之助と式守伊之助に次ぐ立行司を第三席の准立行司と呼んでいる。木村瀬平が亡くなる以前には第三席の式守伊之助もいたが、その木村瀬平は別扱いとしている。木村瀬平を含めると、立行司の順位が少し混乱するからである。ちなみに、この立行司・式守伊之助は明治37年5月、紫白房を許されるまで朱房だった。立行司なので帯刀はもちろん、熨斗目麻上下の装束着用も許されていた。

これには立行司になったとことは書いてあるが、房色については何も書いていない。立行司になったのだから、それに付随して房色も変わったに違いない。それまでの「朱」から「紫白」に変わっているはずだが、それは伊之助の「紫白」とまったく同じだったものだろうか、それとも変わっていたのだろうか。拙稿では、次の新聞記事を根拠にして、「同じ」だったと指摘している。

（3）『都新聞』（明治43年4月29日）の「庄之助の跡目」

　　　「現在、庄之助・伊之助の格式を論じれば、団扇の下紐において差異あり。庄之助は紫、伊之助は紫白打ち交ぜにて庄三郎と同様なり」

　庄之助と伊之助は同じ立行司だが、房色に違いがある。紫と紫白の違いである。ところが、伊之助と庄三郎の房色は同じだと書いてある。拙稿ではその房色に違いはなく、両者とも同じ「紫白」だと解釈した。
　ところが、ここで一つの疑問が出てくる。昭和2年以降の式守伊之助と木村玉之助の房色である。規定上は二人とも同じ「紫白」だが、実際には伊之助は「（真）紫白」、玉之助は「半々紫白」だった。白色が混じっていれば、一括りに「紫白」とすることもよくある。この考えを明治時代の伊之助と庄三郎に適用すれば、どうなるだろうか。まったく同じ状況ではないが、『都新聞』の「同じ紫白」は、実際は、異なっていたかもしれない。つまり、伊之助は「（真）紫白」だが、庄三郎は「半々紫白」だったかもしれない。伊之助は立行司の第二席だし、庄三郎は准立行司である。その違いは房色にもあったのではないだろうか。そういう疑問が出てくるのである。
　それを解決する方法の一つは、伊之助と庄三郎の房色に関し、白と紫の割合を述べてある文献を見つけることである。そのような文献が一つでもあれば、この問題は簡単に解決する。しかし、拙著を書いていた頃にも、出版後にも、そのような文献に巡り合う幸運に恵まれなかった。それまでは、拙著で指摘したことが正しいとしておきたいが、その根拠には問題が

166

少しあることも指摘しておきたい。

　同時に、木村瀬平（6 代）の「準紫房」についても、まったく問題がないわけはでない。16 代木村庄之助の房色が「准紫房」（白糸が 2, 3 本混じった紫房）だったことは当時の著書や新聞等で指摘されている。正式に「総紫」になったのは、明治 43 年 5 月であり、そのとき、伊之助も「紫白」になった。拙著では木村瀬平の房色は木村庄之助の房色と同じ「准紫」だったと状況証拠から指摘しているが、一つの疑問がまったくないわけではない。木村庄之助（首席）と木村瀬平（第二席）とのあいだに本当に房の色で差異はなかったのだろうかという疑問である。年齢や経験では確かに木村瀬平が上だったが、それを考慮しても、木村瀬平は木村庄之助と同等に処遇すべきものだったのだろうか。当時の新聞や文献でも「同じ紫房」という表現になっており、微塵も差異があるようには捉えられていない。[3] 拙稿ではこれまでそれらの文献を考慮し、やはり「同じ准紫」だったと指摘してきた。[4] それが真実を正しく捉えているかどうか、やはり再吟味すべきかもしれない。吟味した結果、その指摘が正しければそれでよいし、間違っていれば修正すればよい。

4.　青白・青・黒の出現年月

　行司の房色には現在、総紫、紫白、朱、紅白、青白、青、黒がある。それぞれの色の出現時期については、たとえば拙著『大相撲行司の房色と賞

---

　3)　『萬朝報』（明治 34 年 4 月 12 日）の「大砲の横綱免許状」に「行司木村瀬平は直門人の立行司紫白打交ぜの房の免状を（中略）授かり」とある。これが木村庄之助の「准紫房」と同じなのか、異なるのかははっきりしない。木村庄之助の「紫房」も正式には「紫白房」だったからである。

　4)　番付記載では木村庄之助は右、木村瀬平は左になっている。その差異が、実際には、房色にも反映されていないかどうか、吟味する必要がある。違いがあるとすれば、もちろん、「准紫」か「紫白」である。当時は、両方を区別せず、一括りに「紫」として表すこともあったので、本当に房色で差異がなかったのか、もう一度調べる必要がある。

罰』の第2章「軍配の房色」でも扱っている。その7種類の色の中で、紅白、青白、青、黒の出現年月は確定できていなかったが、紅白はあとで、文政11年4月にはすでに出現していることがわかった。[5]青はおそらく明治43年5月頃から認められるようになったのかもしれない。[6]青白は幕末であろう。というのは、対応する十枚目力士は幕末には出現していたからである。[7]

　黒房に関して、たとえば拙著『大相撲行司の房色と賞罰』では、ずっと昔から使われていたはずだと指摘している。その理由は、黒は最下位の色だったからだとしている。

　ところが、その理由は私の勝手な思い込みで、間違っているかもしれないと思うときがある。というのは、江戸初期の相撲絵を描いたカラーの絵図では、階級はわからないが、朱で描かれているからである。江戸時代の本でも、紫や朱は出てくるが、黒は出てこない。

・　『相撲家伝鈔』（正徳4年）

　　「紐は無官の行司は真紅なり。摂州大坂吉方兵庫などの如く官位成りの行司は紫を用いるなり。」（酒井忠正著『日本相撲史（上)』(p.97)

---

5)　これに関しては、拙著『大相撲行司の松翁と四本柱の四色』の第3章「地位としての足袋の出現」〈『追記』　文字資料見つかる（pp.85-6)〉で詳しく述べられている。拙稿『詳しくなる大相撲』の「あとがき」(p.307)でも少し触れている。

6)　たとえば、『都新聞』（明治43年5月31日）の「改正された行司の服装」には「行司足袋以下は黒、青の二種である」とある。菊綴や飾り紐（腰紐や露紐など）は行司の階級と同じであることから、青房も使用されている。昭和43年以前に房紐として黒以外に、青房が使用されていたかどうかは確かでないが、あったとしても明治後期であろう。本書では、青房は明治43年5月が初めてだと捉えている。

7)　番付で十両力士と幕下力士を文字の大きさで区別したのは明治21年1月場所からだが、幕末からすでに幕下十枚までの力士を「関取」として優遇していた。おそらく力士に合わせて行司にも階級としての「十両」ができ、その房色を「青白」としたに違いない。

　紫と朱があり、紫は幕府から認められた行司が用い、それ以外の行司は朱だと書いてある。行司に何階級あったかは不明だが、朱がほとんど使用されていたようだ。天明から幕末に至る錦絵を見ても、上位行司が朱で描かれているが、黒色の房は見かけない。おもちゃ絵（玩具絵）や出世の順序を描いた双六の絵などを見ても、上位行司を除いた下位の行司はやはり朱で描かれている。一つでも黒で描かれた房があれば、黒が当時あった証拠だと確認できるが、そのような絵図が見つからないのである。それは江戸時代の初期かもしれないし、中期かもしれないし、幕末かもしれない。明治時代の前にはすでに出現したと思っているが、それも勝手な思い込みかもしれない。とにかく、確実な証拠が欲しいものである。

　長いあいだ、房色に関心を持ち、黒房の出現を何とか確認したいと思ってきたが、この段階でも夢が叶えられそうもない。誰か黒房を描いた錦絵を持っていないだろうか。あるいはその存在を確認できる「古い」資料をご存じないだろうか。そういう資料が見つかれば、その資料の年月が出現時期を確認できる証拠の一つになる。残るは、それを起点にして年代をさかのぼり、より古い年月の証拠を見つけることである。このような資料に巡り合いたいのだが、これだけは「運しだい」としか言いようがない。多くの人がそれに関心を持ち、見つける努力をすることが望ましい。そして、見つけたら、何らかの形で公表してほしいものである。

5.　八幡幣

　相撲部屋の土俵の中央に「御幣」を1本立てるが、その御幣に名称があるかを何人かに尋ねることがあるが、特別な名称など聞いたことがなく、単に「御幣」で通しているという。御幣は神が降りて来て、そこに宿るものであって、「神の依り代」となるものである。相撲の守護神としての「神」がいて、御幣でそれを表現しているので、その神の名称がないというのは不思議である。そう思って文献を調べてみると、その御幣は「八幡幣」という名であることがわかった。その「八幡幣」について、拙著『大相撲の

神々と昭和前半の三役行司』の第 2 章「土俵の神々」でも触れている[8]。

「御幣」に「八幡幣」という名称があることの裏づけとして、次の文献例を示す。

（1）　三木愛花・山田伊之助著『相撲大観』(明治 35 年)の「初日の土俵浄め」

> 「立行司が裃にて、足袋格の行司 2 名を介添えとして土俵へ昇り、7 本の幣束を土俵の中央へ飾り、神酒・供物を備え、菅菰 (すがこも) の上に立行司が祭祠を朗読し、古式を終わってから土俵の幣束 4 本を四本柱へ配置し、残る 3 本のうち 2 本を太鼓櫓の出し幣とするのである。あと 1 本は協会の宿祢様（野見宿祢を祭りしもの）に納め、それから相撲を始めるので、この幣を四幣と言って、4 年ほど前に立行司木村庄之助が九州巡業中、肥後熊本の吉田家から伝授を受け、これまで用いてきた八幡幣（稽古部屋の土俵の盛り砂に差してある竹の柄を幣という）を廃して、四幣に変えたということだ。(後略)」(p.327)

明治 31 年頃までは「八幡幣」が使われていたが、その後、四幣に変わったという。しかし、相撲部屋の中央に立てるのはその後も続いている。それが「八幡幣」である。江戸時代でも「八幡幣」という名称があったことは、式守幸太夫記『相撲金剛伝』（嘉永 6 年）の「幣束の伝」でも確認できる。嘉永期よりさかのぼっては、宝暦年間の文献でも見られる。

明治期から大正期を経て昭和時代になると、「八幡幣」の名称がよく使われていたのかどうか、はっきりしたことがわからない。文献を詳細に調べていないからである。しかし、昭和 50 年代にその名を明確に述べてい

---

8)　この拙著には「八幡幣」だけでなく、相撲の神々について、歴史的にどう変化してきたかなど、詳しく扱っている。ここでは、八幡幣という言葉が現在の相撲界で使われていないので、もう一度、特別に取り上げることにした。もしこの御幣が本当に八幡幣であったなら、なぜ使われなくなったのだろうか、不思議である。それについても、今後、調べる必要がある。

る文献がある。

(2)　彦山光三著『相撲道綜鑑』(1977〈昭和 52 年〉)。

　　「略式には八幡幣（五行幣ともいう）を中央の盛り砂の上に一本立て
　　るか、または棟木の内端の中心から、土俵場中央に向けて梵天を垂れ
　　る。」(pp.613-5)

　このように、「八幡幣」は相撲の歴史の中で生きてきたはずだが、それ
が最近はまったくと言っていいほど使われていない。どうしてなのだろう
か。土俵祭はどの相撲部屋でも行われている。また、稽古が済むと、土俵
の中央に御幣を立てている。しかし、御幣の名称は失われ、それとともに
その「神」も見失われている。おそらく、何となく「相撲の神様」が降
りてくる「御幣」だと捉えられているはずだ。本場所の相撲の神々が昭和
20 年に変えられ、「三神」になったが、それでも一応「三本の御幣」が使
われている。相撲部屋では「一つの神」を祀っているのだから、何らかの
「神」がいてもよさそうである。
　拙著では相撲部屋の「御幣」は「八幡幣」であると指摘したが、実は、
それが正しい見方かどうかは、検討する必要があるかもしれない。[9] 歴史的
には、八幡幣でもよいが、実は、相撲の神々は変わっているのである。た
とえば、7 本の幣が表す四季の神々を除き、残り 3 本が表す神々は昔から
ずっと同じだったかというと、そうだとは言えない。少なくとも昭和 20
年を境にして、現在の「三神」になったが、それ以前の神々は必ずしも一
定ではない。幣の数 3 本は同じだが、それが表す神々は定まっていなかっ

---

　9)　八幡幣と相撲については、山田知子著『相撲の民俗史』（平成 8 年）に詳しい説
　　　明がある。この御幣は八幡大菩薩の依り代である。「八幡幣」には地域よって別
　　　称「梵天」（ぼんでん）もあるという。この『相撲の民俗史』に基づけば、相撲
　　　部屋の八幡幣は、本場所の 7 幣と異なる。依り代となる神々がそれぞれ異なるか
　　　らである。八幡幣 1 本で 7 幣の代わりをするのか、ともに立ててもよいのか、ど
　　　うだろうか。

た。たとえば、『相撲秘伝書』の相撲の神々がその後もずっと受け継がれていたわけでもなく、途中で変化しているのである。

　この辺で、相撲部屋で土俵の中央の盛り土に立てる「御幣」が本当に「八幡幣」という呼称に当たるものか、それとも別の呼称があったのか、そもそも名称などなく、初めから単なる「御幣」だったのか、検討してみてもよいのではないだろうか。それを検討する際には、これまで「八幡幣」という呼称を使用してきた文献が正しい記述をしているかどうかも、吟味する必要がある。そうすれば、拙著で指摘してきた「八幡幣」の紹介が正しいのかどうかもおのずから判明する。

　土俵の中央に立てる御幣の名称など、どうでもよいのではないかという疑問があるかもしれない。相撲を加護する神であれば、その名称にこだわることもないのではないか。そういう見方もできるが、現在でも相撲の神様は「三神」となっていて、個別の名称がある。歴史的にも、別個の名称をもつ神様が登場してきた。そういう神々が登場したり、消えてなくなったり、別の名称に変わったりしてきたのが、歴史の事実である。なぜ相撲の神々がそのように変化するのか、興味をそそる問題である。そういう興味があるか否かで、相撲の神々とか御幣の本数の研究にも影響する。同時に、一神教や多神教との比較にも興味が湧いてくるかもしれない。しかし、そのような「大きな」宗教観から相撲の神々を分析しなくても、具体的な神々の名称を知ることで、土俵祭の7本の御幣と神々、それから相撲部屋の1本の御幣とその神が何を表すのか、また表して来たのか、調べる価値はあるのではないだろうか。[10]

---

10)　本場所では御幣7本と相撲部屋の御幣1本がそれぞれ別々の神の依り代だとすると、本場所と相撲部屋の神はそれぞれ異なることになる。大相撲の神は本場所であろうと相撲部屋であろうと、「同じ」でなければならないはずだが、現実には異なる「相撲の神」になっている。本場所の神と相撲部屋の神が別々の神でも何も問題ないだろうか。八幡幣は1本で「相撲の神々」を代表することができるのだから、本場所は御幣7本、相撲部屋は幣1本で何も問題ないだろうか。いずれにしても、相撲部屋の御幣と相撲とのかかわりを吟味する必要がある。この八幡幣は相撲だけの依り代ではなさそうだからである。そうなると、やはり本場所

172

6.　式守与之吉の朱房再訪[11]

21 代木村庄之助の自伝『ハッケヨイ人生』（昭和 41 年）では、大正 15 年春場所に「三役行司」になったと語っている。[12]

・21 代木村庄之助著『ハッケヨイ人生』

「大正 15 年 1 月に三役となり、勘太夫と名前も変わって朱房の軍配を持つことになりました。昭和 13 年、私が 50 歳の時に副立行司の木村玉之助になりましたが、（後略）」（pp.76-7）

ここには「朱房の軍配を持つことになりました」とあり、それ以前は、紅白房だったことを示唆している。つまり、紅白房の「幕内行司」（つまり本足袋）だったというのである。この『ハッケヨイ人生』によると、大正 5 年に幕内になり、その後、大正 15 年 1 月に「三役行司」に昇格するまで、紅白房だったことになる。

・21 代木村庄之助著『ハッケヨイ人生』

───────────────

と相撲部屋の神々が同じなのか、異なるかは、検討する必要がある。

11)　式守与之吉を含め、大正末期の朱房行司に関しては、たとえば拙著『大相撲の歴史に見る秘話とその検証』の第 7 章「大正末期の三名の朱房行司」でも詳しく扱っている。本書の第 3 章でも写真などを活用して論じている。

12)　与之吉が大正 15 年春場所に「三役」になっていることは 22 代木村庄之助著『行司と呼出し』でも記述されている。しかし、房の色がそのとき「朱」になったとは記述されていない。それを不思議に思っていたが、実は、それ以前に朱房になっていたのである。そうなると、「三役行司」に昇格したことをわざわざ記述していることには、房色以外に何か特別の意味があるかもしれない。この「三役行司」は正真正銘の階級を表しているのかもしれない。

「明治45年、すなわち大正元年に兵隊から帰って来て、大正2年に十両格になりました。その十両も2年そこそこで、すぐ5年から幕内格になりました。幕内の軍配の房は紅白ですが、その紅白の房を持ったのは10年ほどではないかと思います。」(p.76)

　拙著ではこれまで、与之吉は大正15年春場所に三役になったので、そのとき「朱房」になったものと捉えてきたが、実は、それは間違った思い込みだった。そのことが最近わかったので、その根拠を次に示す。
　与之吉が大正15年春場所に朱房になったとすると、番付で次席の玉治郎や誠道が朱房を許された年月と食い違う。

・大正14年1月番付の順位
　…、式守与之吉、木村林之助、木村玉治郎、木村誠道

　木村誠道が朱房を許された免状があり、その日付は大正14年2月となっている。玉治郎が朱房だったことは、たとえば自伝『軍配六十年』の年譜で確認できる。木村林之助は大阪相撲出身の行司だが、東京相撲では大正14年の春場所、初めて番付に載った。玉治郎や誠道の上位になっていることから、林之助の房色が朱だったことは確かだ。同様に、与之吉は林之助の上位であることから、その房色は朱である。したがって、自伝『ハ

---

13)　この「幕内行司」は紅白房の「本足袋」である。「幕内上位行司」は朱房だが、やはり「幕内行司」である。ややこしいが、当時は、「本足袋（紅白）」と「朱房幕内」というように、常に区別していたのかどうか確かでない。階級名を常に格足袋、本足袋、幕内、三役、立行司というように明確に区別していたなら、呼称が何であれ、実際は何も混乱は起きない

14)　大正15年春場所まで、勘太夫（前名・与之吉）より上位の行司が「三役」になっていないことは本書の第3章でも詳しく扱っている。錦太夫は15年夏場所、「三役」に昇進したに違いない。一枚下の勘太夫が同時に三役になったのなら、最上段に同様に記載されたはずだ。二段目の中央に記載されているのは、「幕内上位行司」の筆頭であることを表している。

ッケヨイ人生』に記されているように、大正 15 年春場所で「朱房の軍配
を持つこと」になったというのは誤りである。大正 14 年春場所にはすで
に朱房になっていたのである。

　そうなると、与之吉はいつ、朱房を許されたのだろうか。これに関して
は、参考になる資料が二つある。

　(1)　『大相撲人物大事典』(平成 13 年)
　　　「幕内格　大正 11 年 5 月場所」(p.689)

　これはおそらく「朱房の幕内上位行司」を意味しているに違いない。な
ぜなら、自伝『ハッケヨイ人生』で、大正 5 年にすでに「紅白房」の幕内
行司なっていたからである。それに、大正末期までは、草履を履かない朱
房は「幕内行司」と呼ばれることもあった。

　(2)　『大相撲力士名鑑』(平成 13 年)
　　　与之吉は大正 11 年 5 月場所に幕内格になっている (p.267)。

　これにも「幕内格」となっているが、草履を履かない「朱房行司」をそ
のように呼んでいるに違いない。

　二つの文献ともその出典を明記していないので、それを確認できないが、
与之吉の行司歴から判断して大正 11 年 5 月に朱房を許されている。自伝
『ハッケヨイ人生』ではこの「幕内上位行司」の朱房については何も言及
されていない。紅白房の足袋格（つまり幕内行司）から大正 15 年 1 月に
いきなり朱房になったような書き方になっているのである。なぜ 21 代庄
之助がその自伝で「幕内上位行司」の朱房に触れていないのか、不思議で
ある。

　本書では、大正 11 年の 5 月場所より一場所前の 1 月場所に朱房を許さ
れていたことを指摘しておきたい。

(1) 『相撲の史跡（3）』（昭和 55 年）

　　「式守啓次郎は幕内格に昇進したばかりの大正 14 年 5 月かぎりの現
　　役死亡。」（p.20）

　この「幕内格」は本書の「幕内上位行司のことで、朱房を許された行司
である。竹治郎がこの場所で朱房を許されたなら、一枚上の与之吉はこの
場所かそれ以前にその房を許されていたはずだ。それを調べてみると、与
之吉と一枚上の竹治郎は大正 11 年春場所に朱房を許されている。

(2)　番付記載

　(a) 大正 11 年春場所
　　（三段目）…、式守錦之助（朱房）、式守竹治郎（朱房）、式守与之吉（朱
　　房）／式守啓治郎（紅白）、…

　この場所では、与之吉は朱であり、啓治郎は紅白である。傘形（あるい
は山形）に同じ段で記載されているのに、朱房と紅白の区別はわからない。
しかし、他の資料から与之吉は朱房、啓治郎は紅白房であることがわかっ
ている。

　(b) 大正 11 年夏場所
　　（二段目）…、式守錦之助（朱房）、式守竹治郎（朱房）、式守与之吉（朱
　　房）、式守啓治郎（紅白）、…

　この場所、啓治郎は竹治郎や与之吉とともに二段目に記載されている。
房の色が竹治郎、与之吉、啓治郎がともに同じ房色になっていることがわ
かる。

　竹治郎、与之吉、啓治郎がそれぞれ朱房を授与された年月と本場所を勘

案すれば、与之吉の朱房は大正11年春場所だと判断できる。

　21代庄之助が自伝『ハッケヨイ人生』で、大正15年1月に「三役行司」になり、与之吉から勘太夫に改名したと語っているが、その改名は番付でも確認できる。しかし、「三役行司」に昇格したことを15年の春場所と夏場所のいずれでも確認できない。非公式には、昇格の話があったかもしれないが、公式には認められていなかったのではないのだろうか。公式に認められていたなら、いずれかの番付で一段目に記載されていたはずである。勘太夫の一枚上の式守錦太夫は大正15年5月番付で一段目に記載されており、間違いなく「三役行司」に昇格している。勘太夫も「三役行司」に昇格していたなら、この錦太夫とともに一段目に記載されているはずである。

　自伝『ハッケヨイ人生』には一つの謎がある。三役行司になって「朱房」を持つようになったと語っているが、それは何を意味しているのだろうか。しかも、それまで紅白房だったとも語っている。勘太夫（当時は与之吉）は大正11年1月に紅白房から朱房になっていて、大正15年1月まで朱房だった。それにもかかわらず、「三役行司」になって、「朱房を持つようになった」と語っている。勘違いだったのか、それとも別の理由があったのか、今でもわからない。朱房の使用を行司が間違えることは考えられないからである。使用年月を間違えることはときどきあることで、それは記憶の勘違いである。勘太夫の行司歴を正しく把握していなかったために、筆記者が間違って修正したのかもしれないと疑いたくもなる。

　勘太夫が大正15年1月に三役格に昇格したことが事実なら、私が番付表を読み違えているかもしれない。特に5月場所では二段目の中央に太字で記載されている。それが「三役行司」の昇格を意味しているのであれば、私の読み方が完全に間違っていることになる。しかし、なぜ錦太夫だけを一段目にし、勘太夫を二段目に記載したのだろうか。一段目にはまだ空白があり、もう一人の三役行司を追加することができる。わざわざ勘太夫を二段目に記載する必要などない。

　さらに腑に落ちないのは、大正15年春場所番付を見ると、勘太夫は明らかに「三役行司」ではない。番付を発表する時点で、「三役行司」にな

ったことがわかっていなかったとも考えられるが、それが真実なら、夏場所番付にはその「三役行司」を明確に記載できるはずである。しかし、それが夏場所番付では明確に反映されていない。このように、自伝『ハッケヨイ人生』で大正15年1月場所、「三役行司」になったと語っていることに関して、それを確認できる資料がないのである。[15]そのことから、これはまだ吟味する余地があることを指摘しておきたい。

　19代式守伊之助著『軍配六十年』でも、大正14年1月に朱房を許され、「三役行司」になったと語っている。19代伊之助は大正14年1月、「玉治郎」であったが、それまで朱房を許された形跡がない。つまり、朱房の「幕内上位行司」になっていない。このことから、玉治郎が自伝『軍配六十年』で三役行司なり、朱房を持つことができたと語るとき、それは「幕内上位行司」に昇格したことを意味しているはずだ。「幕内上位行司」より上の階級「三役行司」ではない。これは、21代庄之助（すなわち与之吉、勘太夫）が自伝『ハッケヨイ人生』で語る「三役行司」と違うことになる。

　もし玉治郎が大正14年1月以前に「幕内上位行司」になっていたとしたら、朱房を許されていたわけだから、彼が語っている「三役行司」は勘太夫の「三役行司」と同じことを指していることになる。しかし、番付を見ても、玉治郎は大正11年1月以降大正14年1月までに、朱房の「幕内上位行司」に昇格していない。たとえば、大正13年1月の番付では、三段目の右端（筆頭）に記載されている。記載の仕方が平板型なので、一枚下の誠道と同じ地位であることがわかる。誠道は大正14年1月場所で、

---

15)　中村倭夫著『信濃力士伝―昭和全篇』（p.276、甲陽書房、昭和63年）にも、21代庄之助が大正15年1月に三役格に昇進したと書いてある。これは前後の文脈から21代庄之助の自伝『ハッケヨイ人生』（昭和41年）に基づいている。たとえば、大正11年1月に朱房の幕内上位行司になっていることについてまったく触れていない。それに、『ハッケヨイ人生』を参考にして21代庄之助の話を書いている。したがって、大正15年1月に三役になったことを立証する資料として扱うことはできない。本書では自伝に書いてあるように、大正15年1月に三役になったことを裏づける他の証拠を求めているのである。

178

朱房の「幕内上位行司」になっていることから、玉治郎もその場所まで「紅白房」（本足袋、幕内行司）だったに違いない。

7.　「役相撲に叶う」の口上

以前、拙著『詳しくなる大相撲』の「三役揃い踏み」で、次のように書いた。

・『詳しくなる大相撲』の「三役揃い踏み」

「役相撲に勝利した力士には褒美として弓、弦、矢が授与されている。最初の小結相撲の勝者には矢、二番目の関脇相撲の勝者には弦、最後（つまり結び）の大関相撲の勝者には弓がそれぞれ授与される。以前は、行司が地位に合わせて「小結に叶う」、「関脇に叶う」、「大関に叶う」という口上を述べて褒美を授与していたが、現在ではどの勝者にも同じ「役相撲に叶う」という口上になっている。いつ口上が変わったのかは、今のところ、はっきりしない。これは資料を丹念に調べれば解明できるかもしれない。」（p.112）

　この口上がいつ現れたかを今でも調べているが、まだ確定できない。簡単に見つかると予想していたが、意外にも予想を裏切り、未解決のままである。こういうのは資料が見つかれば、簡単に解決できるのだが、その資料の在りかにたどり着くまでに時間がかかる。運がよければ、すぐ見つかることもある。たまたま文献でその口上を見つけ、出現時期もそのあたりかもしれないと安心していると、それより古い資料がたまたま見つかり、簡単に結論を出しては危ないと思うことがしばしばある。
　現在までのところ、次の文献にその口上を見つけた。

(1)　酒井忠正著『相撲随筆』（昭和 28 年版の復刻版、1995 年）の「三役と弓取式」（pp.82-8）

「三役の勝ち力士に弓や弦が渡される時、行司が『役相撲に適う何々』と名乗りをあげるが、（後略）」(p.83)

　これには明確な年月は記されていないが、随筆の一部であることから、その年月を正確に確定できる。その随筆を示す。

(2)　酒井忠正著『相撲随筆』（昭和 28 年版の復刻版、1995 年）の「三役と弓取式」(pp.82-8)

　　「三役の勝ち力士には、扇、弓弦、弓の三品が次々に与えられるが、この三品は本場所中四本柱にくくり付け、毎日柱をかえて飾られていたものだが、昨年四本柱を撤去して代わりに四色の房を下げたので、弓をかける場所がなくなってしまった。その弓を三役最後の結びの勝者に授けられると、代役の力士がこれを行司から受け取って、弓を打ちふり四股を踏む。これが弓取りの式である。」(pp.83-4)

　この随筆が昭和 28 年に書かれていることは、「昨年四本柱を撤去して」という表現があることから、確認できる。つまり、この口上は昭和 28 年には出現していたことになる。今度は、いつ頃にさかのぼるかを調べなくてはならない。これが意外と難しく、それ以前の文献を詳細に調べなければならない。次の文献に以前の口上が見つかった。

(3)　出羽海谷右衛門述・水谷武編『最近相撲図解』（岡崎屋書店、大正 7 年）

　　「力士の儀式としては、土俵の外に弓取というものがある。千秋楽の最後の一番に勝った力士が『今日の大関に叶う何某』と言って行司から授けられるものである。」(pp.37-8)

　これ以前の文献では「（小結、関脇、大関）に叶う」となっている。た

とえば、大橋新太郎編『相撲と芝居』（明治 33 年）では行司仲間の宴会
余興で行司と甚鍵という芸妓が相撲を取り、勝った甚鍵に「今日の大関に
叶う甚鍵」（p.46）という口上を唱えている。その頃から大正期までずっ
とその口上が唱えられたかどうかは必ずしも定かでない。どの文献までそ
の口上があるかを見つけるとなると、最後の文献を探さなければならない。
それが、今のところ、『最近相撲図解』（大正 7 年）である。

　そうなると、「役相撲に叶う」の口上は、『相撲随筆』（昭和 28 年）から『最
近相撲図解』のあいだということになる。けっこう、長い年月である。こ
のあいだの文献を探しているが、「役相撲に叶う」というそのものずばり
の表現が出てこない。この期間には文字資料だけでなく映像資料もあるの
で、映像資料だけに絞っても、意外と簡単にその口上は見つかるはずであ
る。しかし、残念ながら、今のところ、見つかっていない。

　なお、昭和 40 年代以降、「役相撲に叶う」という口上でなく、「（小結、関脇、
大関）に叶う」という口上が記述された文献もある。これは事実を正しく
反映していないと思うが、そう断定していいのかどうか、はっきりしない。
口上の経緯をもっと丹念に調べて、口上に変化がなかったことを確認する
必要がある。まずは、「役相撲に叶う」という口上がいつ出現したかを調べ、
その次に、それが変わることなく現在まで使われていることを確認するこ
とである。

　行司とは直接関係ないが、「三役揃い踏み」[16]で東西の力士が土俵に登場
するようになったのがいつか、また現在の揃い踏みの形態（並び方）にな
ったのはいつか、それにも関心を持ち、調べてみたが、その出現年月も、
今のところ、不明である[17]。これも意外と簡単にわかると思ったが、最も古
い資料は『読売新聞』（明治 34 年 5 月 31 日）の「相撲のいろいろ」であ

---

16)　「是より三役」は江戸時代の番付にもあるが、最初から現在のように東西の力
　　士 3 名ずつ土俵に上ったのか、どのような形態だったのかなど、不明である。
17)　写真であれば、『近世日本相撲史（1）』で昭和 7 年夏場所の口絵で見ることが
　　できる。映像では大正 15 年の巡業相撲でその様子が確認できる。

る。それに「三役の土俵入り」の様子が描かれている。それ以前にもあったはずだが、まだその資料に恵まれていない。独特の形態をするので、絵図や写真などでもすぐ取り上げられそうだが、そういう資料が昭和に入ってからしか見つからないのである。しかし、これも注意して調べれば、簡単に見つかるかもしれない。出現した時期なら、資料などでも取り上げそうなものだが、その時期がまったく見当つかないのである。

8. 幕下以下行司の黒房と青房

明治44年5月以降、幕下以下行司の青房と黒房に関して、幕下は青房、三段目以下は黒房というように「区分け」があったとよく指摘されることがある。私はそれに関し、最初はそれを支持する論考を発表し、その後で、そういう区分けはなかったという論考を発表した。それについては、次の拙著に示されている。[19]

(1) 『大相撲行司の伝統と変化』の第5章「幕下以下行司の階級色」
 ・区分けを支持している。

(2) 『大相撲行司の房色と賞罰』の第4章「行司の黒房と青房」
 ・区分けを支持していない。

区分けを支持する、支持しない根拠はそれぞれの拙著に述べられている

---

18) この新聞記事は大相撲談話会の相沢亮さんに教えてもらった。改めて、感謝の意を表したい。その記事には「●三役の丸ふくれ　一昨日回向院に於ける菅公會寄附大相撲に西ノ方三役土俵入は梅の谷、常陸山、稲川の三名なりしが、揃いも揃うて真ん丸な腹脹れ（はらぶくれ）に満場の観客皆腹を抱え大いに興を与えたり」とある。「揃い踏み」は、以前「土俵入り」と呼ぶこともあった。

19) 幕下以下行司の黒房と青房に関しては、木村庄之助（33代）との共著『大相撲と歩んだ行司人生51年』（平成18年、英宝社）の「18. 軍配房の色」（pp.136-49）にも概説している。

ので、ここではあえて繰り返さないことにする。ここでは、「支持する」
とした場合に直面する問点をいくつか指摘しておきたい。その問題点が解
明されれば、区分けが実際に昭和 30 年末まであったことが実証されるこ
とになる。逆に、それが実証されなければ、最初から延々と区分けなど続
いていなかったことになる。

　明治 43 年 5 月に行司装束が従来の裃姿から直垂・侍烏帽子姿になった
が、当時の新聞によると、幕下行司以下はすべて黒が基本だが、青も使用
することも許されている。

　・『時事新報』（明治 43 年 5 月 31 日）の「行司服装の改正」

　　「幕下以下行司は（中略）紐類はすべて黒色を用い（後略）」

　装束の菊綴、飾り紐（胸紐、露紐など）は行司の階級色の房色と同じだ
ったことはよく知られている。その新聞では、幕下以下行司は黒色を用い
るとあるので、房色は黒色であることがわかる。新聞では各階級の行司の
写真も掲載されており、幕下行司は木村旗（幡）之進（幕下）と書いてあ
る。これからわかるように、少なくとも明治 43 年 5 月には幕下以下行司
は黒色だった。
　青色が選択肢だったことは、次の新聞記事でも確認できる。[20]

　・『都新聞』（明治 43 年 5 月 31 日）の「改正された行司の服装」

　　「（前略）行司足袋以下は黒、青の二種である」

　この新聞記事を読む限り、階級によって黒と青が区分けされているので

---

20)　風見明著『相撲、国技となる』（p.129、大修館書店、2002）にもこのことは指
　　摘されている。

はなく、黒か青のどちらでもよいとなっている。ところが、装束改正したわずか1年後の明治44年夏、その黒と青が階級色だとする新聞記事がある。

・『時事新報』（明治44年6月10日）の「相撲風俗（8）—行司[21]」。

「行司の資格はその持っている軍配の総の色で区別されている。すなわち、序ノ口から三段目までは一様に黒い総を用い、幕下は青、十両は青白、（後略）」

幕下行司は青房、三段目以下は黒房と区分けされている。これが区分けの始まりである。この新聞記事の他の記述を見ると、事実を正しく捉えている。そうなると、青と黒の区分けも真実であるかもしれない。色のイメージは階級にぴったり合うし、疑う余地などまったくない。実は、そのことが真実を正しく見せていない原因なのかもしれない。考えられる問題点をいくつか提示しておきたい。

（1）　明治43年5月の行司装束改正には吉田司家が深くかかわっていた。幕下以下は黒か青だったのに、1年後に幕下は青、三段目以下は黒となっている。その変更はあまりにも拙速ではないだろうか。

（2）　明治44年5月以降、明治末期に青と黒の区分けを記述している文献（新聞記事や相撲の本など）が見当たらない。立行司の式守伊之助が語っている新聞記事はあるが、その中には幕下以下行司の房色については何も語っていない。たとえば、『都新聞』（明治44年6月17日）

21）　この新聞記事は内容から判断して行司の語ったことを筆記したものと思われる。ただ、幕下以下行司の房色に関しては、正しく筆記したかどうか、疑問が湧いてくる。行司に関する記事にはたまたまそういう疑念を抱かせる記述があるからである。

の 10 代式守伊之助談「行司になって四十四年」では、十両以上の房
色だけである。

　大正期に入ると、青と黒の区分けをしている雑誌記事や本がいくつかあ
る。これは、『大相撲行司の房色と賞罰』（p.95）に示してある。これに関
しては、少なくとも二つの疑念がある。

(1)　この区分けは事実を確認して書いたのだろうか。そうではなく、『時
　　事新報』（明治 44 年 6 月 10 日）の記事を参照して、それを事実であ
　　るかのように、孫引きしていないのだろうか。そういう孫引きは行司
　　に関する文献にはけっこう見受けられる。事実を正しく記述している
　　という裏づけはないだろうか。

(2)　のちに発行された本は、先に出た本を参考にして、一種の孫引きを
　　していることがある。先に出た本を信用してしまうのである。行司の
　　本にはそのようなことは実に多い。そのために、間違ったことがいつ
　　までも続いていることがある。事実は一つしかないのに、二つの相異
　　なる記述があり、それが確認されることなく、そのまま受け継がれる
　　ことがある。たとえば、昭和 2 年以降、三役行司は草履を履き、帯刀
　　もできたと昭和 34 年 11 月までも続いているような本がいくらでも
　　ある。もちろん、そうでないとする本もある。同じことが、区分けに
　　関してもあるかもしれない。

(3)　『夏場所相撲号』（大正 10 年 5 月号）の式守与太夫・他談「行司
　　さん物語」には幕下以下行司は「緑」（本書の「青」）となっている。
　　この記事では、以前、区分けがあったかどうかはわからない。ただ大
　　正 10 年 5 月にはその区分けがないことだけはわかる。そうなると、
　　大正 10 年近くに発行された本や雑誌記事が間違っているか、10 年 5
　　月号の記事が間違っているかである。「行司さん物語」は上位行司 3
　　名が語っていることから、その信頼性はかなり高い。

(4)　もし『時事新報』（明治44年6月10日）の区分けが事実を正しく記述しているなら、大正10年までにはその区分けがなくなったはずである。それがいつなのかを裏づける証拠がまだ見つかっていない。区分けが実際にあったなら、それがなくなった年月が必ずある。区分けを認める本や雑誌記事はそれを示すことなく、あたかも区分けが今でも続いているかのように書いている。それは事実を正しく記述していないことになる。この指摘に反論する証拠を提示しなければならないが、今のところ、その区分けを確認できる証拠はまだ見つかっていない。『時事新報』（明治44年6月10日）以降、大正10年までのあいだ、それを実証できたり、確認できたりする証拠が見当たらないのが不思議である。

　昭和時代に入ると、区分けがやはり続き、今度は青が幕下と三段目、黒が二段目以下に変わっている。青は「幕下」だけだったが、三段目も含むようになっている。そのような文献は拙稿『大相撲行司の房色と賞罰』（p.90-2）にいくつか示してある。これに関しても、やはり問題がいくつかある。

（1）　従来は青が幕下、黒が三段目以下だったのに、いつ、誰が、青は幕下と三段目、黒は序二段以下と決めたのだろうか。それを裏づける証拠はあるのだろうか。階級色を決めるには、もちろん、理事会、行司会、当時の吉田家がかかわっているはずだが、そのような区分けをしたことを確認できる資料が見当たらない。

（2）　この区分けを認める本や雑誌記事は意外に多い。時代の流れとともに、昔は区分けがあったという噂が伝わり、しかも房色も区別も何となく素直に受け入れられることから、以前あったことを復活しようという雰囲気が出ていたのかもしれない。それとも、大正10年以降も実際に区分けによる房色が使われていたのだろうか。それを確認でき

る証拠はあるのだろうか。

(3)　明治以降から大正期を経て昭和時代になっても、もちろん、区分け
による房色の使用を認める本や雑誌記事はある。それは『大相撲行司
の房色と賞罰』（pp.99-101）に示してある。昭和 30 年 5 月に幕下以
下行司の房色は黒か青だと規則で明記しているのに、それでも依然と
して青色は幕下と三段目、黒色は二段目以下であるという記述をした
本がいくらかある。[22]　これなど、事実を確認せず、先人の本から孫引き
したか、知識を得たに違いない。そういうことが行司に関する本では
よく見受けられる。区分けを認めるなら、それが真実であることを示
す必要がある。今のところ、実際に行司の軍配房の色で確認したとい
う記述を見たことがない。

(4)　少なくとも昭和に入ってからは、区分けはなかったというのが私の
立場である。それは行司の雑誌対談記事や行司の本などを調べた限り、
区分けがなかったからである。ただ行司の中にもその区分けを認める
ものがいる。たとえば、22 代木村庄之助著『行司と呼出し』の中に、
次のような記述がある。

・『行司と呼出し』（昭和 32 年）

「行司の階級は、軍配の房の色で識別して頂くのが、最も明瞭である。
幕下までは土俵上素足で、序ノ口、序二段は黒房、三段目、幕下は青

---

22)　これは拙稿『大相撲行司の房色と賞罰』（pp.90-1）に文献をいくつか示してある。
昭和 30 年以降でさえ、幕下以下行司は房色で二分されていたと書いてあるもの
もある。特に気になるのは、彦山光三氏の著書や雑誌記事である。彦山氏は戦前・
戦後の相撲界で絶大な影響力のあった相撲評論家の権威だったからである。ちな
みに、行司や協会の文献は、ほとんどの場合、幕下以下行司の房色を区分けして
いない。したがって、いつ青房が幕下と三段目、黒房が二段目以下になったのか
についてもまったく触れていない。

房で区別されるが、現在は黒房はほとんど使われていない。」（p.66）

　これは真実を正しく記述していないかもしれない。というのは、昭和32年にはすでに幕下以下は青と黒のいずれかを使用するとなっていたからである。それでは、なぜそのような書き方になったのだろうか。推測にしか過ぎないが、少なくとも次のことが考えられる。

（1）　この本は小島貞二氏が筆記したもので、木島氏が補足したものである。つまり、庄之助はそのような区分けがあったとは語らなかったはずである。そのような見方があることに関しては、理由がある。実は、木村庄之助は軍配の握り方に二通りあることを認めない立場だが、本の中ではそれを認める記述をしている（p.68）。それを弟弟子の木村庄之助（30代）に話すと、それは兄弟子（22代庄之助）が書いたものでないときっぱりと否定した。さらにそれを書いたのは筆者の小島貞二氏であるとも断じていた。その真偽はわからないが、幕下以下の房色の区分けに関する限り、やはり小島さんの加筆ではないかと疑いたくなる。

（2）　22代庄之助は彦山光三氏と親しく、房色についても語り合い、彼に影響を受けていたかもしれない。彦山氏は幕下以下の房色に関し、区分けを認める立場だったからである。22代庄之助はその区分けを支持していないが、以前、それがあったことを彦山氏から聞かされ、そう信じ込んでいたかもしれない。この庄之助はもともと大阪相撲の出身で、幕下時代に房色を区別して使用したことはないはずだ。大正14年春場所の番付に初めて東京相撲に登場するが、その当時、東京相撲で幕下以下行司の房色を区分けしていたのかどうか不明である。区分けなどしていなかったと断言したいが、区分けは否定も肯定もできない。証拠となる資料が少ないからである。

　幕下以下行司の青房と黒房には区分けを認めるものとそうでないものが

あるが、実際は、どれが正しいか、決定的な証拠がない。ここでは、区分けを認めるなら、それを裏づける証拠が欲しいことを指摘した。明治 43 年以降、昭和 30 年まで、その区分けが続いていたことを裏づける証拠が提示できたなら、それが実際にあったことを認めなければならない。しかし、それができなければ、やはり疑問を払拭できないことになる。

　一つの救いがないわけではない。もし明治 44 年 5 月頃に区分けが確かに始まったのであれば、それがいつ頃まで続き、いつ頃無くなったかを提示することである。おそらく、その区分けはあまり長続きしなかったのではないかと推測している。大正時代の本にときどき区分けが記述してあるが、それが事実を正しく書いてあるかどうかはっきりしない。もしそれが真実を正しく記述しているなら、私がこれまで指摘したことは間違っていることが証明できるはずだ。

　文献に記述してあることは必ずしも真実を正しく記述していないということが行司の世界ではしばしばみられるので、区分けに関しても裏づけが欲しいと訴えている。区分けがあったなら、決定的な証拠がどこかに埋もれているかもしれない。それがなかったなら、『時事新報』（明治 44 年 6 月 10 日）の記事は幕下以下の房色に関する限り、間違っていたことになる。当時の他の新聞でも、幕下は青、三段目は黒だとあれば、信頼性は高くなるが、一紙だけである。スクープに値するものなのか、それとも事実をまちがって書いたのか、そのいずれかである。私は今でも後者の立場である。

9.　今後の課題

　いくつか気になるテーマを取り上げ、掘り下げて調べてきたが、それでもまだ気がかりになるものがある。それは、21 代庄之助著『ハッケヨイ人生』の中で大正 15 年の春場所に三役になったと語っていることである。本書では、それを裏づけるような証拠がないので、春場所であれ夏場所であれ、三役には昇格していないと指摘している。その指摘は本当に正しいだろうか。21 代庄之助自身が大正 15 年春場所、三役になり、朱房を持つようになったと語っている以上、それに疑いを抱くのはおかしいという気

がしてならないのである。私に何か誤解していることがないだろうか。

　朱房になったのは大正11年春場所なので、大正15年春場所までずっと朱房を持っていた。大正15年春場所と夏場所の番付を見ても、最上段には記載されていない。一枚上の式守錦太夫は最上段に記載され、三役に昇格していることがわかる。勘太夫が三役に昇格していたら、少なくとも夏場所番付では錦太夫とともに記載されるはずである。あえて二段目に中央に記載してある。三役に昇格しているが、二段目の中央に記載してあるという見方もできるが、そのような記載の仕方があるのだろうか。大正期の番付記載の仕方を見ると、山形記載の場合、最上段には立行司と三役記載をするのが普通である。その理解が正しいとすれば、勘太夫は幕内上位行司の筆頭格となる。

　この勘太夫の三役昇格については、行司に関心のある相撲好きにも何人か尋ねてみたが、やはり三役昇格には同意しないという意見ばかりだった。そうなると、庄之助自身の自伝『ハッケヨイ人生』には何かミスがあることになる。行司が何カ年も使用していた房色を間違えたり、三役行司への昇格を春・夏の二場所も間違えたりすることはないはずだ。

　21代庄之助の自伝『ハッケヨイ人生』で与之吉から勘太夫に改名した大正15年1月、三役になり、朱房を持つようになったと語っているが、それは本当だろうか。本書の指摘がそうでないと指摘しているが、それは正しいだろうか。今後、吟味する必要があることを改めて指摘しておきたい。もし本書の指摘が間違っていれば、そのときはいさぎよく修正しなければならない。心残りの課題なので、ぜひ検討していただきたい。

第7章　上位行司の番付再訪（資料1）

1.　本章の目的

　この章では、明治末期から大正期と昭和初期の上位行司の順位と房色を見ていく。明治43年5月に階級と房色が一致するようになり[1]、昭和2年に大阪相撲と東京相撲が合併し、一つの大相撲協会が発足しているからである。

　番付に関しては、次の拙著でも詳しく扱っている。

(1)　『大相撲行司の伝統と変化』の第9章「明治30年以降の番付と房の色」と第8章「昭和初期の番付と行司」
(2)　『大相撲行司の軍配房と土俵』の第8章「大正時代の番付と房の色」

　各行司の房色は階級と密接な関係があるので、もちろん、他の拙著でも折に触れて順位や房色には触れている。

　これまでの扱いと異なるのは、順位と房をより一層明確に表示してあることである。同時に、出典をあまり提示しないようにしてある。出典は多くの場合、上記の拙著の中でも提示されている。大正期以前の場合、いつ房色が変更され、いつ草履が許されたかを知るには、新聞や雑誌などで確認しなければならない。ここでは番付に基づく順位を示し、上位行司の房色も示している。

---

1)　階級によって房色が変わることは確かだが、たとえば、立行司を襲名すれば、房色が「紫」になるわけでもなかった。最初は「紫白」だったが、のちに「准紫」に変わることもあった。

大正末期までは朱房行司は必ずしも「三役行司」ではない。朱房行司には草履を履く「三役行司」とそうでない行司がいた。草履を履かない朱房行司は待遇面で「三役並み」だったが、階級は「幕内行司」である。文献によって「幕内上位行司」とするものもあれば、単に「幕内格行司」とか「幕内行司」するものもある。本書では、「幕内上位行司」と呼ぶことにしている。「紅白房」ももちろん、「幕内行司」である。

　幕内行司に関しては、二つの房色があることになる。一つは朱房の「幕内上位行司」であり、もう一つは紅白の単なる「幕内行司」である。以前は、紅白の幕内行司を「本足袋」と呼ぶこともあった。朱房の「幕内上位行司」と紅白の「幕内行司」をどのような名称で区別したのかはっきりしない。『夏場所相撲号』（大正 10 年 5 月号）の式守与太夫・他談「行司さん物語」によると、「三役行司」は力士の関脇に対応し、「幕内上位行司」は力士の小結に対応する。そうなると、「幕内上位行司」も「三役」になるはずだが、やはり草履を履く「三役行司」とは区別されている。

　朱房の「幕内行司」の中でも「幕内上位行司」と「幕内下位行司」の区別があったのかどうかもはっきりしない。待遇面でも、二つの地位による違いがあったのだろうか。「幕内上位行司」はときには 10 人近くにもなることから、もしかすると、その内部で何らかの区別があったのかもしれない。しかし、「幕内行司」のなかで二つの明確な地位の区別があったことを示す証拠は、今のところ、見当たらない。そういうことで、朱房行司に関しては、草履を履く「三役行司」と草履を履かない「幕内上位行司」だけを区別することにしてある。なお、斜線「／」は房色が変わる境目を

2）　大正末期には（与之吉改め）式守勘太夫や（玉治郎改め）木村庄三郎のように草履を履かなくても「三役行司」と呼ぶことがあるが、いつから草履の有無に関係なく、制度上の階級名として「三役行司」という呼称を使うようになったのかははっきりしない。式守勘太夫と木村玉治郎は二人とも「三役行司」に詰っているが、草履を履いていないのである。それは昭和 2 年以降もしばらく続いている。

3）　朱房の「幕内上位行司」は、たとえば「（本足袋）朱房幕内（行司）」、紅白房の行司は「（本足袋）紅白房幕内（行司）」のような呼称で区別していたのかもしれない。

表し、縦線「｜」は草履を許された朱房行司とそうでない朱房行司の境目
を表す。

2.　順位と房色

A.　明治 43 年から明治 45 年まで

○　明治 43 春場所
　木村庄之助（准紫）、式守伊之助（紫白）、木村庄三郎（紫白）[4]／　木
　村進（朱）、木村誠道｜　木村朝之助（朱）、式守与太夫、式守勘太夫、
　式守錦太夫／　木村大蔵（紅白）、木村角治郎（紅白）、木村吉之助、
　木村庄吾

・この番付は規定で階級と房色の対応関係が決まる以前のものである。

○　明治 43 年夏場所
　木村庄之助（総紫）、式守伊之助（紫白）、木村庄三郎（紫白）／　木
　村進（朱）、木村誠道｜　木村朝之助（朱）、式守与太夫、式守勘太夫、
　式守錦太夫、木村大蔵、木村角治郎、木村吉之助[5]／　木村庄吾（紅白）

・庄之助の房色が「総紫」になった。
・庄三郎は第三席だが、例外的に伊之助の房色と同じだったと捉えてい
　る。
・大蔵が朱房になった。

---

4)　木村庄三郎は第三席の立行司だが、例外的に、式守伊之助と同じ「紫白」だっ
　　たと捉えている。
5)　『報知新聞』（明治 43 面 5 月 31 日）によると、角治郎と吉之助は「紅白房」となっ
　　ている。春場所の番付に基づいて書いたのかもしれない。

- 角治郎は朱房を許されている[6]。
- 吉之助は朱房を許された。

○ 明治44年春場所
　木村庄之助（総紫）、式守伊之助（紫白）、木村庄三郎（紫白）／　木村進（朱）、木村誠道｜　木村朝之助（朱）、式守与太夫、式守勘太夫、式守錦太夫、木村大蔵、木村角治郎、木村吉之助、木村庄吾

- 庄吾は朱房を許された[7]。
- 吉之助は2月に亡くなっている。

○ 明治44年夏場所
　木村庄之助（総紫）、（庄三郎改め）式守伊之助（紫白）、木村進（半々紫白）／　木村誠道（朱）、木村朝之助｜　式守与太夫（朱）、式守勘太夫、式守錦太夫、木村大蔵、木村角治郎、木村庄吾／　木村清治郎（紅白）

- 庄三郎が式守伊之助（10代）を襲名した。
- 進は「紫白」を許された。第三席なので、実際は、「半々紫白」だった。明治43年5月以降は、第三席の「準立行司」の房色は「半々紫白」だったと捉えている。
- 朝之助が草履を許された。三役行司である。

○ 明治45年春場所
　（伊之助改め）木村庄之助（総紫）、（進改め）式守伊之助（紫白）／

6)　清治郎は他の文献では「清次郎」として表記されていることもある。番付を見るかぎり、「清治郎」のように見える。
7)　庄吾（のちの瀬平）がこの場所、朱房になったことは、『角力雑誌』（大正10年5月号）の「勧進元評判記」（p.47）でも確認できる。

木村誠道（朱）、木村朝之助（朱）、式守与太夫｜ 式守勘太夫（朱）、
式守錦太夫、木村大蔵、木村角治郎、木村庄吾／ 木村清治郎（紅白）、
木村左門

・伊之助（10 代）が庄之助（16 代）を襲名した。
・進が伊之助（11 代）を襲名した。
・与太夫が草履を許された。

○ 明治 45 年夏場所
（伊之助改め）木村庄之助（総紫）、（進改め）式守伊之助（紫白）／
木村誠道（朱）、木村朝之助、式守与太夫｜ 式守勘太夫（朱）、式
守錦太夫、木村大蔵、木村角治郎、木村庄吾／ 木村清治郎（紅白）、
木村左門

・伊之助（10 代）が庄之助（16 代）を襲名した。

B. 大正 2 年から大正 4 年まで

○ 大正 2 年春場所
木村庄之助（総紫）、式守伊之助（紫白）、木村誠道（半々紫白）／
木村朝之助（朱）、式守与太夫、式守勘太夫｜ 式守錦太夫（朱）、木
村大蔵、木村角治郎、木村庄吾、木村左門、木村清治郎

・誠道は場所中（8 日目）に紫白房を許された。これは「半々紫白」と
して捉えている。
・勘太夫は場所中（4 日目）に草履を許された。
・清治郎は場所中（7 日目）に朱房を許された。[8]

---

8) 清治郎に朱房が許されたのは、中秀夫著『武州の力士』にある免許状の写し（p.67）
でも確認できる。その免許状には「団扇紐紅色免許畢」とある。この「紅」は本

・左門は場所中、朱房を許された。

○ 大正2年夏場所
　木村庄之助（総紫）、式守伊之助（紫白）、木村誠道（半々紫白）／
　木村朝之助（朱）、式守与太夫、式守勘太夫｜　式守錦太夫（朱）、木
　村大蔵、（角治郎改め）木村庄三郎、（庄吾改め）木村庄五郎、木村清
　治郎、木村左門／　木村善明（紅白）、木村留吉

・角治郎は庄三郎に、庄吾は庄五郎に改名した。この番付には取り上げ
　ていないが、金吾は玉治郎（のちの19代伊之助）に改名している。
・伊之助の房色が「紫」に変わったという記事がある（『東京日日新聞』、
　大正2年1月12日）が、その意味が不明。明治45年春場所の「紫白」
　とどう違うのかわからない。明治43年夏場所以降、伊之助は「紫白」
　と決まっていたはず（『都新聞』、明治43年4月29日）。日付に若干
　のズレがあるが、実施前に決まっていたに違いない。それに、当時は
　紫白も総紫も「紫」で表すことがあった。

○ 大正3年春場所
　木村庄之助（総紫）、式守伊之助（紫白）、木村誠道（半々紫白）／
　木村朝之助（朱）、式守与太夫、式守勘太夫、式守錦太夫、木村大蔵
　｜　木村庄三郎（朱）、木村庄五郎、木村左門、木村善明、木村清治郎、
　木村留吉

・錦太夫は場所中（8日目）に草履を許された。
・大蔵は場所中（8日目）に草履を許された。⁹⁾

書の「朱」に相当する。
9）大正時代に朱房で草履を許されたのは、大蔵が最後だと指摘したことがあるが、
　それは間違いだった。錦太夫（のちの7代与太夫、16代庄之助）が大正15年夏
　場所に三役格になり、草履を許されている。大蔵の後にも朱房行司は何人かいた

196

・留吉は朱房格に出世した。すなわち、朱房を許された。
・この番付には記載していないが、竹治郎（足袋格）が本足袋（紅白）に昇進した。

○　大正 3 年夏場所
　　木村庄之助（総紫）、（誠道改め）式守伊之助（紫白）、木村朝之助（半々紫白）／　式守与太夫（朱）、式守勘太夫、式守錦太夫、木村大蔵｜　木村庄三郎（朱）、木村庄五郎、木村左門、木村善明、木村清治郎、木村留吉

・朝之助は土俵祭で紫の房を持っていたという新聞記事がある。
・誠道が伊之助（12 代）を襲名した。

○　大正 4 年春場所
　　木村庄之助（総紫）、式守伊之助（紫白）、木村朝之助（半々紫白）／　式守与太夫（朱）、式守勘太夫、式守錦太夫、木村大蔵｜　木村庄三郎（朱）、木村庄五郎、木村左門、木村善明、（留吉改め）木村福松、木村清治郎

・清治郎と福松の順位が入れ替わっている。

○　大正 4 年夏場所
　　木村庄之助（総紫）、式守伊之助（紫白）、木村朝之助（半々紫白）／　式守与太夫（朱）、式守勘太夫、式守錦太夫、木村大蔵｜　木村庄三郎（朱）、木村庄五郎、木村左門、木村善明、木村福松、木村清治郎

が、有力な行司は辞めてしまった。もしかすると、草履を許されたが、履く前に辞めてしまったのかもしれない。大蔵と錦太夫のあいだに、草履を許された行司がいないか、もう少し調べる必要があるかもしれない。

・ 上位陣行司は先場所と同じ。

C. 大正5年から大正9年まで

○ 大正5年春場所
　木村庄之助（総紫）、式守伊之助（紫白）、木村朝之助（半々紫白）／
　　式守与太夫（朱）、式守勘太夫、式守錦太夫、木村大蔵｜　木村庄
　三郎（朱）、木村庄五郎、木村左門、木村善明、木村福松、木村清治
　郎

・ 上位陣行司は先場所と同じ。

○ 大正5年夏場所
　木村庄之助（総紫）、式守伊之助（紫白）、木村朝之助（半々紫白）／
　　式守与太夫（朱）、式守勘太夫、式守錦太夫、木村大蔵｜　木村庄
　三郎（朱）、木村庄五郎、木村左門、木村福松、木村清治郎

・ 上位陣行司は先場所と同じ。

○ 大正6年春場所
　木村庄之助（総紫）、式守伊之助（紫白）、木村朝之助（半々紫白）／
　　式守与太夫（朱）、式守勘太夫、式守錦太夫、木村大蔵｜　木村庄
　三郎（朱）、木村庄五郎、木村左門、木村清治郎、木村福松、木村正

・ 清治郎と福松の順位が入れ替わっている。
・ 善明（朱）の記載がない。

○ 大正6年夏場所
　木村庄之助（総紫）、式守伊之助（紫白）、木村朝之助（半々紫白）／

　　式守与太夫（朱）、式守勘太夫、式守錦太夫、木村大蔵｜　木村庄
三郎（朱）、木村庄五郎、木村左門、木村福松、木村清治郎

・正が（番付記載の）二段目から三段目に移っている。

○　大正 7 年春場所
　　木村庄之助（総紫）、式守伊之助（紫白）、木村朝之助（半々紫白）／
　　式守与太夫（朱）、式守勘太夫、式守錦太夫、木村大蔵｜　木村庄
三郎（朱）、木村庄五郎、木村左門、木村福松、木村清治郎／　木村
正（紅白）、式守錦之助

・福松が亡くなっている。

○　大正 7 年夏場所
　　木村庄之助（総紫）、式守伊之助（紫白）、木村朝之助（半々紫白）／
　　式守与太夫（朱）、式守勘太夫、式守錦太夫、木村大蔵｜　木村庄
三郎（朱）、木村庄五郎、木村左門、木村清治郎、木村正、式守錦之
助

・正が朱房になった。
・錦之助が朱房を許された。[10]

○　大正 8 年春場所
　　木村庄之助（総紫）、式守伊之助（紫白）、木村朝之助（半々紫白）／

---

10)　式守錦之助（のちの 4 代錦太夫）は大正 11 年春場所に「幕内」になったとし
　　ている文献が多いが、これが何を意味しているのか、はっきりしない。というのは、
　　錦之助は大正 7 年夏場所に幕内の「朱房」になっているからである。紅白房の幕
　　内になったのは、大正 2 年夏場所である。錦之助を錦太夫に改名したのは、大正
　　11 年夏場所である。

式守与太夫（朱）、式守勘太夫、式守錦太夫、木村大蔵｜　木村庄
　　三郎（朱）、木村庄五郎、木村左門、木村清治郎、木村正、式守錦之
　　助

・上位陣の行司は先場所と同じ。

○　大正 8 年夏場所
　　木村庄之助（総紫）、式守伊之助（紫白）、木村朝之助（半々紫白）／
　　　式守与太夫（朱）、式守勘太夫、式守錦太夫、木村大蔵｜　木村庄
　　三郎（朱）、木村庄五郎、木村左門、木村清治郎、木村正、式守錦之
　　助

・上位陣の行司は先場所と同じ。

○　大正 9 年春場所
　　木村庄之助（総紫）、式守伊之助（紫白）、木村朝之助（半々紫白）／
　　　式守与太夫（朱）、式守勘太夫、式守錦太夫、木村大蔵｜　木村庄
　　三郎（朱）、（庄五郎改め）木村瀬平、木村左門、木村清治郎、（正改め）
　　木村鶴之助、式守錦之助

・庄五郎は春場所、瀬平に改名している。
・正は鶴之助に改名し、元の名に戻っている。
・清治郎は 2 月に亡くなっている。

○　大正 9 年夏場所
　　木村庄之助（総紫）、式守伊之助（紫白）、木村朝之助（半々紫白）／
　　　式守与太夫（朱）、式守勘太夫、式守錦太夫、木村大蔵｜　木村庄
　　三郎（朱）、木村瀬平、木村左門、木村鶴之助、式守錦之助

・上位陣の行司は先場所に同じ。

○　大正 9 年夏場所

　　木村庄之助（総紫）、式守伊之助（紫白）、木村朝之助（半々紫白）／
　　　式守与太夫（朱）、式守勘太夫、式守錦太夫、木村大蔵｜　木村庄
　　三郎（朱）、木村瀬平、木村左門、木村鶴之助、式守錦之助

・　　上位陣の行司は先場所に同じ。

D.　大正 10 年から大正 14 年まで

○　大正 10 年春場所

　　木村庄之助（総紫）、式守伊之助（紫白）、木村朝之助（半々紫白）／
　　　式守与太夫（朱）、式守勘太夫、式守錦太夫、木村大蔵｜　木村庄
　　三郎（朱）、木村瀬平、木村左門、木村鶴之助、式守錦之助

・上位陣の行司は先場所に同じ。

○　大正 10 年夏場所

　　木村庄之助（総紫）、式守伊之助（紫白）、木村朝之助（半々紫白）、
　　式守与太夫（半々紫白）／　式守勘太夫（朱）、式守錦太夫、木村大
　　蔵｜　木村庄三郎（朱）、木村瀬平、木村左門、木村鶴之助、式守錦
　　之助／　式守竹治郎（紅白）、式守与之吉

・庄之助が場所中に辞職した。
・伊之助は場所後に辞職した。
・与太夫は 8 日目から臨時に紫白房を許された。それは「半々紫白」だっ
　たに違いない。
・鶴之助は（番付記載の）二段目から三段目になった。
・大蔵は病気のため、5 月 23 日に辞職した。

201

『夏場所相撲号』（大正 10 年 5 月号）の式守与太夫・他談「行司さん物語」によると、先場所（春場所）の段階では、庄三郎、瀬平、左門の 3 名が「三役並み行司」となっている。[11] 房色は、もちろん、朱である。この「三役並み行司」と下位の朱房行司とを区別することを本書では行っていない。つまり、同じ「朱房」として扱っている。

○ 大正 11 年春場所
　（朝之助改め）木村庄之助（総紫）、（与太夫改め）式守伊之助（紫白）、式守勘太夫（半々紫白）／　式守錦太夫（朱）｜　木村庄三郎（朱）、木村瀬平、木村左門、木村鶴之助、式守錦之助、式守竹治郎、式守与之吉、式守啓治郎

・ 朝之助が伊之助を飛び越して庄之助（18 代）を襲名した。
・ 与太夫が式守伊之助（13 代）を襲名した。
・ 勘太夫が紫白房を許された。これは「半々紫白」だった。
・ 瀬平が辞職し、年寄り専務になった。
・ 竹治郎は朱房を許された。[12]
・ 与之吉は朱房を許された。
・ 啓治郎は夏場所に朱を許された。[13]

---

11) 「三役並み行司」は草履を許されていない朱房行司を指しているが、この行司が対等する力士が小結なのか、それとも幕内なのかに関しては問題がないわけではない。「行司さん物語」では「小結格」（つまり三役力士）の階級としているが、本書（詳しくは第 2 章と第 3 章）では「幕内格」の階級としている。具体的には「本足袋朱房行司」（幕内上位行司）である。幕内格には他に「本足袋紅白房行司」がいる。呼称に関しては、もっと吟味しなければならない。

12) 竹治郎、与之吉、啓治郎の 3 名は二段目に記載されている。竹治郎は先場所、三段目中央に記載されていることから、その場所で「幕内上位行司」（朱房）になったかもしれない。しかし、記載の仕方が変わったことを考慮し、この場所に昇格したと判断した。

13) 『相撲の史跡（3）』によると、啓治郎は翌夏場所に昇格している。しかし、番付をみると、与之吉とともに二段目に記載されていることから、この春場所に「幕

○　大正 11 年夏場所
　　木村庄之助（総紫）、式守伊之助（紫白）、式守勘太夫（半々紫白）／　（錦
　　太夫改め）式守与太夫（朱）　|　　木村庄三郎（朱）、木村左門、木村
　　鶴之助、（錦之助改め）式守錦太夫、式守竹治郎、式守与之吉、式守
　　啓治郎

・左門が辞職し、年寄り専務になった。
・錦太夫は与太夫（6 代）に改名した。のちの 20 代庄之助である。
・錦之助は錦太夫（4 代）に改名した。のちの 16 代伊之助である。

○　大正 12 年春場所
　　木村庄之助（総紫）、式守伊之助（紫白）、式守勘太夫（半々紫白）／
　　式守与太（朱）　|　　木村庄三郎（朱）、木村鶴之助、式守錦太夫、
　　式守竹治郎、式守与之吉

・左門が辞職し、年寄専務（立田川）になった。

○　大正 12 年夏場所
　　木村庄之助（総紫）、式守伊之助（紫白）、式守勘太夫（半々紫白）／
　　式守与太夫（朱）　|　　木村庄三郎（朱）、木村鶴之助、式守錦太夫、
　　式守竹治郎、式守与之吉

・上位陣の行司は先場所に同じ。

○　大正 13 年春場所
　　木村庄之助（総紫）、式守伊之助（紫白）、式守勘太夫（半々紫白）／
　　式守与太夫（朱）　|　　木村庄三郎（朱）、木村鶴之助、式守錦太夫、

内上位行司」（朱房）になったようだ。

式守竹治郎、式守与之吉／　木村玉治郎（紅白）、木村誠道

・上位陣の行司は先場所に同じ。

○　大正 13 年夏場所
　　木村庄之助（総紫）、式守伊之助（紫白）、式守勘太夫（半々紫白）／
　　　式守与太夫（朱）｜　木村庄三郎（朱）、木村鶴之助、式守錦太夫、
　　式守竹治郎、式守与之吉／　木村玉治郎（紅白）、木村誠道

・上位陣の行司は先場所に同じ。

○　大正 14 年春場所
　　木村庄之助（総紫）、式守伊之助（紫白）、式守勘太夫（半々紫白）／
　　　式守与太夫（朱）｜　木村庄三郎（朱）、木村鶴之助、式守錦太夫、
　　式守竹治郎、式守与之吉、木村林之助、木村玉治郎、木村誠道

・庄三郎は大正 14 年 4 月 18 に亡くなっている。
・林之助（大阪相撲出身行司）は「朱」である[14]。
・玉治郎が朱房になった。すなわち、「幕内上位行司」になった[15]。
・誠道が朱房になった[16]。その上位は朱房である。

---

14)　林之助はよく「幕内格」と語っているが、これは「幕内上位行司」（朱房）を
　　指しているに違いない。「紅白」の「幕内行司」（本足袋）ではないはずだ。「幕内格」
　　と「幕内行司」を常に区別しているのであれば、房の色も当然異なるが、そのよ
　　うな区別をしているようには見えない。
15)　『大相撲』（昭和 54 年 3 月号）の泉林八談「22 代庄之助一代記」には大正 15
　　年春場所に「幕内格」になったと語っているが、それは勘違いである。番付を見
　　ても 14 年春場所とするのが正しい。
16)　誠道の朱房免許の日付は 14 年 2 月になっている。玉治郎が春場所、朱房を許
　　されていたことから、誠道も春場所、朱房を使用していた。林之助は玉治郎や誠
　　道の上位であることから、おのずと朱房だったことがわかる。

○　大正 14 年夏場所
　　木村庄之助（総紫）、式守伊之助（紫白）、式守勘太夫（半々紫白）／
　　　式守与太夫（朱）｜　木村鶴之助（朱）、式守錦太夫、式守竹治郎、
　　式守与之吉、木村林之助、木村玉治郎、木村誠道

・庄之助（18 代）は 6 月に亡くなっている。

E.　大正 15 年

○　大正 15 年春場所
　　（伊之助改め）木村庄之助（総紫）、（勘太夫改め）式守伊之助（紫白）
　　／　式守与太夫（朱）｜　木村鶴之助（朱）、式守錦太夫、式守竹治
　　郎、（与之吉改め）式守勘太夫、木村林之助、（玉治郎改め）木村庄三
　　郎、木村誠道

・伊之助（13 代）が庄之助（19 代）を襲名した。
・勘太夫（3 代、のちの 14 代伊之助）が伊之助（14 代）を襲名した。
　しかし、昨年（14 年）12 月 26 日に亡くなり、番付だけの記載となっ
　ている。
・竹治郎は春場所限りで退職した。
・与之吉が勘太夫（4 代、のちの 21 代庄之助）に改名した。[17]

○　大正 15 年夏場所
　　木村庄之助（総紫）、（与太夫改め）式守伊之助（紫白）／　式守錦太

---

17)　番付を見るかぎり、（与之吉改め）勘太夫は二段目の 4 番手で、三役行司に昇
　　格していることを確認できない。しかし、自伝『ハッケヨイ人生』（p.76）には
　　この春場所、三役になり、勘太夫に改名したと語っている。

205

夫（朱）[18]」、式守勘太夫（朱）、木村鶴之助、木村林之助、木村庄三郎、木村誠道

・ 与太夫（6代）が伊之助（15代、のちの20代庄之助）を襲名した。
・ 錦太夫が三役行司に昇格した。先場所は二段目に記載されていたが、今場所は一段目に立行司とともに記載されている。
・ 鶴之助は東西合併前に退職した。したがって、昭和2年春場所の番付には記載がない。
・ 勘太夫は番付の二段目中央に記載され、朱房の幕内上位行司筆頭である。字の太さや順位などから、三役に昇格しているようにも見えるが、昇格していたなら一段目に錦太夫とともに記載されているはずだ。[19]

F. 昭和2年から昭和3年まで

○ 昭和2年春場所
　木村庄之助（総紫）、式守伊之助（紫白）、木村玉之助（半々紫白）／
　　木村清之助（朱）、（錦太夫改め）式守与太夫／　式守勘太夫（紅白）、
　木村林之助、木村玉光、木村庄三郎、木村誠道、木村正直／　式守要
　人（青白）、木村善之輔、木村光之助、式守政治郎（庄三郎以下は三
　段目に記載）

---

18) 錦太夫は三役に昇格している。『夏場所相撲号』（大正15年5月）の口絵に取組写真があるが、不鮮明で履物を確認できない。したがって、草履なのか、足袋だけなのか、わからない。草履を履いたと推定しているのは、番付の最上段に記載されていることや一枚上の与太夫(6代)と同じ地位に昇進しているからである。6代与太夫は草履を履いていた。

19) 自伝『ハッケヨイ人生』(p.70, pp.76-7)では「三役行司」に先場所昇格したと語っているが、それまでは「紅白房」だったとも語っている。大正5年5月にはすでに「朱房」になっていたことから、語っていることには齟齬がある。つまり、事実と一致しない。自伝の「三役昇格」を春場所と夏場所の番付で確認できないことから、両場所ともまだ「幕内上位行司」だったはずだ。

- 大阪相撲出身の玉之助は立行司（第三席）になった。房色は「半々紫白」である。
- 大阪相撲出身の清之助は三役格（筆頭）となった。
- 錦太夫は与太夫に改名した。
- 勘太夫からは誠道までは朱房だったが、紅白房になった。
- 玉光は大阪相撲出身である。[20]
- 正直は大阪出身である。[21]

　昭和 2 年春場所番付の三役行司は木村清之助と式守与太夫の二人である。房色は朱だが、草履を履いていない。つまり、朱房で草履を履ける行司が三役行司というのは、大正末期で消えたことになる。朱房で草履を履けない行司が三役行司というのは、昭和 34 年 11 月まで続いた。そのあいだ、三役行司で草履を許された木村庄三郎と木村正直がいるが、これは特例であった。三役行司あれば、すべての行司が草履を許されたわけではない。

　『都新聞』（昭和 2 年 1 月 8 日）の「新番付発表」には十両格から幕下格に格下げされた「気の毒な」行司として義、真之助、庄吾、美太郎、喜市、小太郎、勝次、啓太郎の 8 名を記している。足袋行司から素足行司になった。

---

20)　玉光（大阪相撲出身）は朱房から紅白房に格下げされた。一枚下の木村喜三郎が大正 11 年 5 月に朱房になり、大正 5 年 1 月に「紅白房」になっている。大阪相撲出身の行司に関しては、たとえば拙著『大相撲の歴史に見る秘話とその検証』の第 7 章「大正末期の三名の朱房行司」でも少し触れている。

21)　正直が大阪で朱房だったのか、紅白房だったのか、はっきりしなかったが、朱房だったことがわかった。『大相撲』（昭和 31 年 1 月号）の 23 代木村庄之助談「土俵一途の 55 年」で本人が「わたくしは大阪で幕内格になって二年目で、東京へきたときは幕内の一番したでした。」（p.46）と語っている。大阪では木村喜三郎の一枚下で、喜三郎が朱房を許されたのは大正 11 年 5 月だった。そのことを考慮すれば、正直はすでに朱房だったとするのが自然である。この「幕内格」は「幕内上位行司」を意味しているに違いない。その前に、もちろん、紅白房になっている。

○ 昭和 2 年夏場所

　木村庄之助（総紫）、式守伊之助（紫白）、木村玉之助（半々紫白）／
　　木村清之助（朱）、式守与太夫、式守勘太夫／　木村林之助（紅白）、
　木村玉光、木村庄三郎、木村誠道、木村正直／　式守要人（青白）[22]

・勘太夫は三役行司に昇格し、朱房を許された。

　昭和 3 年以降の番付については省略する。[23]階級と房の色が原則として一
致するので、房色のいずれかを見れば、どの階級かを判断できる。ただ明
治 34 年 11 月までの三役格の草履を巡っては、異なる文献がある。

○ 昭和 3 年春場所

　木村庄之助（総紫）、式守伊之助（紫白）、木村玉之助（半々紫白）／
　　式守与太夫（朱）、木村清之助、式守勘太夫／　木村林之助（紅白）、
　木村玉光、木村庄三郎、木村誠道、木村正直／　式守要人（青白）

・与太夫が清之助の上になった。

○ 昭和 3 年夏場所

　木村庄之助（総紫）、式守伊之助（紫白）、木村玉之助（半々紫白）／
　　式守与太夫（朱）、木村清之助、式守勘太夫／　木村林之助（紅白）、
　木村玉光、木村庄三郎、木村誠道、木村正直／　式守要人（青白）

---

22)　木村正直が自分は「幕内の一番したでした」と語っているので、要人は十両筆
　　頭（青白房）である。『夏場所相撲号』（昭和 2 年 5 月号）の「相撲界秘記」（p.122）
　　にも青白房となっている。大正末期は紅白房だったので、格下げされたことにな
　　る。
23)　昭和の番付については、たとえば拙著『大相撲行司の伝統と変化』の第 8 章「昭
　　和初期の番付と行司」にも扱っている。

・上位陣の行司は先場所に同じ。

3.　今後の課題

　房の色は確かに階級と密接に結びついているが、明治末期以降大正末期まで同じ制度だったかどうかがはっきりしない。特に紅白房と朱房が力士の階級と一対一に対応していない。朱房と紅白房が三通りに分かれている。一つは、草履を履く朱房の「三役行司」である。二つは、草履を履かない朱房の「本足袋、幕内行司」である。三つは、草履を履かない紅白房の「本足袋、幕内行司」である。まとめると、次のようになる。

(1)　朱房で草履を履ける本足袋行司（三役行司）
(2)　朱房で草履を履けない幕内上位の本足袋行司（幕内行司）
(3)　紅白で草履を履けない幕内下位の本足袋行司（幕内行司）

　三役行司は草履を履いているが、草履を履かない幕内行司の場合、上位の本足袋は朱房であり、下位の本足袋は紅白房である。本書では上位の幕内行司を「幕内行司」、「幕内上位行司」とし、下位の幕内行司を「幕内下位行司」あるいは「紅白房幕内行司」と呼んだりしているが、当時は、「本足袋草履朱房幕内行司」とか「本足袋無草履紅白房幕内行司」を縮小した名称が使用されたのかもしれない。正確な呼称に関しては、今後調べる必要がある。

　昭和 2 年春場所以降、昭和 34 年 11 月までは、三役行司は朱房だが、草履を履いていない。また、幕内行司はすべて紅白房になっている。つまり、大正期と昭和期は朱房と紅白房の扱いが異なる。それがいつ変わったのかが、今のところ、不明である。これも今後、調べる必要がある。

4.　【追記】拙著の修正と補足

　拙著『大相撲行司の神々と昭和前半の三役行司』の第 4 章「行司の昇進

年月」の項目「昭和2年春場所の十両以上行司」（pp.113-8）の中で、何人かの行司の経歴に関し、誤りがいくつかある。修正したり補足したりする機会がないので、この機会に指摘しておきたい。別の拙著であるが、参考にしていただくとありがたい。

(1)　木村庄之助（19代、〈13代〉伊之助）
　　明治45年春場所、草履を許されている。

(2)　式守伊之助（15代、のちの20代庄之助）
　　大正3年夏場所、草履を許されている。

(3)　式守与太夫（7代、のちの16代伊之助）
　　幕内（大正2年1月）、幕内・朱房（大正7年5月）、三役（大正15年5月）とする。「兵役復帰後に幕下（T2.1）だったが、調整して十両（T2.5）」を削除する。昭和2年春場所、（錦太夫改め）式守与太夫となり、三役行司になったが、地位は大正15年5月場所と同じである。

(4)　式守勘太夫（4代、のちの21代庄之助）
　　幕内（T5.5／S2.1〈合併で再〉）、幕内上位（T11.5）、三役（S2.5）とする。昭和2年春場所、朱房から幕内(紅白房)に格下げされている。

(5)　木村林之助（のちの22代庄之助）
　　幕内（明治45年1月）、幕内上位（大正8年5月〈大阪〉）／昭和2年1月〈合併〉）とする。

　他の行司に関しても、事実と違っていたり記述が不十分だったりすることがあるかもしれない。行司の昇格年月に関しては、房色が許された年月と番付記載の年月にも差があり、それをどう捉えるかによって昇格年月にも違いが出たりする。そういう意味でも、できれば自分で資料に直接当た

り、自分で判断することを勧めたい。大正末期までの行司の昇格年月は行
司によって異なるからである。

第8章　順位の入れ替え再訪（資料2）

1.　本章の目的

行司の順位の入れ替えについては、次の拙著でも詳しく取り扱っている。

(1) 『大相撲行司の軍配房と土俵』の第4章「行司の黒星と相撲の規定」
(2) 『大相撲行司の房色と賞罰』の第4章「行司と賞罰規定」と第5章「行司の入れ替え」

　これまでの拙著でも順位入れ替えの要因や黒星数などについて述べてあるが、具体的な事例についてその要因をあまり記していなかった。そこで、番付表に基づいて、再び具体例を取り上げ、現段階でわかっている要因を追加したり補足したりすることにした。その要因についてはほとんどすべて、元立行司（29代・33代・35庄之助）の3名に教えてもらった。ずいぶん昔のことを思い出させることになったので、細かいことは記憶していなかったり、記憶が曖昧だったりのものもあった。しかし、記憶してあるものもあり、具体的な要因を知ることができた。

　行司「見習い」から三段目あたりまでに入れ替えが頻繁にあり、辞めていった行司もたくさんいる。入れ替えの要因や辞めた理由などがわからないものもある。特に昭和32年以前は行司一般に関する規律があまり整然としておらず、脱走してもしばらくすると戻ったりしている。戻っても、地位に関する取扱いが一定の原則に基づいているわけでなく、先輩行司や一門の力関係で処遇にあいまいさがあったらしい。そのような不公平さが漂う行司会であっても、やはり行司の入れ替えは行われていた。

(1)　昭和23年に義務教育を終了しなければ、働けないことになった。24年から小学校に3名（5年生2名、正昭と雅信、6年生1名、勇造）、中学1年生2名（昭彦、春芳）、2年生3名（義雄、共之、貢）が墨田区の竪川中学校に入学したが、巡業や本場所等は従来どおり勤めていた。

(2)　昭和20年11月場所は29代庄之助の初土俵だが、番付に名前が載ったのは22年6月である。年1場所や2場所の時代で、番付に載るのに2年ほどかかっている。[1] 22年6月に7名の新弟子がいっぺんに番付に載ったが、20年11月場所の初土俵は勇造、雅信、春芳だった。その翌21年11月場所の初土俵は共之、貢、義男、一夫の7名だった。[2] 一夫は後にドロン（雲隠れや無断脱走のこと）している。学校に入ったものは、番付に記載される2年ほど前に入門していた。

(3)　26年に卒業した者や新弟子の武、吉之助が歳の順に番付に載った。このとき、種々もめたが、勢力の強い一門の親方衆や部屋の先輩行司の言葉は今でも忘れることができない。歳が下でも入門が1日でも早い者が兄弟子というのが、この相撲界の常識だったのに、また年功序列が強い社会だったのに、それが崩れてしまった。

(4)　その当時、学校に通っている者たちが全員卒業したら、入門順に必ず戻すからというのが先輩行司の言葉でした。しかし、28年全員が卒業したとき、今さら順席を変えたらかわいそうというのが先輩たちの言葉でした。

(5)　学校に通っている者がいるあいだにも、新しく入門する行司がいた。

---

1)　戦後の昭和21年には本場所は秋場所（11月）が1回だけ開催されている。

2)　番付表の記載と少し違うが、メモの記載を採用してある。遠い昔のことで、記憶違いがあるかもしれない。

その取扱いでも年齢順を重視することがあり、現場でごたごたしていた。順席の不満や不服で廃業した行司も何人かいた。

(6)　昭和 30 年前後の行司の入門願いなども、本場所前に採用願いを協会に提出するが、この子は巡業中に来たからと先にするように言ったり、また後に協議して次の場所で席次が変わったり、ドロンや病気、黒星で入れ替わったりして、入れ替えられた行司たちはグチをこぼしていた。黒星の数だけで順位の入れ替えがあったわけではない。

(7)　見習行司が番付に載ったりしたが、その順番もまったくいい加減なものもあった。行司部屋が独立してからは、少しよくなったが、部屋や一門の先輩の専横に泣かされた行司もいくらかいる。

(8)　昭和 33 年に独立した行司部屋が解散して、元の相撲部屋に行司は配属になった。48 年だと記憶しているが、行司の年功序列から抜擢制度が敷かれ、行司の昇進を決めることになった。このとき、審判部長、副部長、巡業部長、指導普及部長、監事の方々が成績評価して考課表を作り、番付の昇降を決める。考課表を作成するには、たとえば土俵上の姿勢、黒星数、掛け声などを審査する。

　　黒星だけ（3 個、4 個）の評価の場合は、翌場所に戻っていたこともあるし、1 年間の場合もあった。この時代、担当の親方たちも行司の顔と名前が一致しないこともあった。そういうことがあって、理事長から直接に立行司に話があり、三役格以下の行司考課表を毎年 9 月場所に提出することになった。これは昭和 50 年頃だったと記憶している。

(9)　昭和 49 年頃に三役行司の抜擢があったが、一つの噂話があり、その真偽のほどは確かでない。抜擢制度にしたのは、武蔵川理事長が自分の部屋の行司・錦太夫（のちの 28 代庄之助）を抜擢したいからだと、行司部屋ではずいぶん評判になっていた。玉治郎（のちの 27 代庄之助）

が抜擢されたのは、当時の巡業部長は宮城野親方（同じ一門）推薦によるものだと噂されていた。それが真実だったかどうかは、もちろん、わからない。私もそういう噂話は懇意にしていた行司の何人から聞いている。抜擢された行司は成績優秀ではあったが、所属する部屋の親方衆が絶大な権力を持っていたし、飛び越された行司が弱小部屋に所属していたことから、そういう噂話が出てきたかもしれない。

(10) 昭和48年1月から51年11月のあいだでも、十両格の行司で席順が変わっている。何か原因があるはずだが、思い当たるふしがないという。変わった人数が多すぎる。黒星だけで、そんなに大きく変わるとも考えられない。

　(a) 48.1　順一、勝治、洋一、孔一、忠雄、賢嘉、光彦
・（48.3 ～ 48.11）は同じ。

　(b) 49.1　敏廣、順一、洋一、勝治、忠雄、孔一、友一、光彦
・（49.3 ～ 50.1）は同じ。

　(c) 50.3　敏廣、洋一、順一、孔一、勝治、忠雄、光彦、友一
・（50.5 ～ 51.1）は同じ。

　(d) 51.3　敏廣、洋一、順一、孔一、勝治、忠雄、友一、光彦、
・（51.5 ～ 51.11）は同じ。

(11) 平成6年1月、立行司不在だったが、それについて少しだけ。平成5年11月に28代庄之助が定年退職し、27代伊之助が平成5年7月に退職した。この7月に伊之助昇格の話が中日に理事会であったが、決まらなかった。11月中日に理事会で立行司昇格は見送りとなり、三役行司で立行司の代役をすることが決まった。取組の合わせ方も3人で上下を回る方式で、1月と3月で次の立行司を決めることにした。

3 名の行司とも一つの失態も許されない覚悟で臨むことになる。確かに、この 2 場所は本当に試練の場である。

　善之輔は 1 月場所で差し違い、勘太夫は 3 月場所、貴乃花と栃乃和歌一戦で「行司待った」をした（力士の廻しが解けたから）。こういうとき、行司はタイミングよく双方の力士に「待った」の合図をかける。勘太夫は片方の力士だけに合図して、片方の力士が土俵を出たので、勝負がついた。審議して、合図をしたところから再開となったが、こんなことも昇格の種になったかもしれないと、後で回りの人が話しているのを聞いたことがある。実際は、どういうことが基準で錦太夫（当時の行司名、のちの 29 代庄之助）が昇格したかは不明である。人事昇格の際、どういうことが審議の対象になったかは秘密である。ただ当事者としては、土俵上で何らかの失態が審議の対象になったかもしれないと振り返ったに過ぎない。³⁾

(12) 昭和 20 年以降、十両昇格としてから席次が変わった行司が何人かいる。病気等で長年土俵に上がれなくなることもある。具体的な事例を上げるのは、差し控えておきたい。幕内格では木村筆之助が降格し、しまいには序ノ口の最後に名前がある番付もある。

　29 代庄之助から詳しい順位入れ替えや時代背景などを教えてもらったのは、実は、もう 15, 6 年前である。その頃は、教えてもらったことの一部を記しただけであった。今度、久しぶりにメモしてあったものを読み直すと、貴重な体験談がたくさん含まれていることを再発見した。入れ替えの研究をするうえで、参考になると考え、公表することにした。公表して差し支えないように、メモに少し修正を加えてある。

---

3)　三役行司が考査を受け、式守伊之助を襲名したときの心境などは、29 代木村庄之助の自伝『一以貫之』（平成 14 年）の「試練―複雑だった立行司昇格」（pp.149-52）や雑誌対談記事、たとえば『大相撲』（平成 9 年 5 月号）の新山善一のぶちかまし問答（第 16 回）―29 代木村庄之助」（pp.81-5）などでも語っている。

なお、ここにリストしていながら、要因を記してないものがたくさんある。それを承知でこの資料を掲載してある。これをきっかけにし、今後埋めていくことを期待しているからである。すべての事例の要因を知ることは無理かもしれない。しかし、いくつかは資料を調べれば、見つかるかもしれない。きっと見つかるはずだ。

2.　入れ替え事例

A. 昭和 20 年から 24 年まで

　終戦直後は兵役から解放され、行司に戻ったものもいるので、その地位をどこにするかによって地位に変動がある。たとえば、十両三枚目に位置づけられると、四枚目以降の十両行司は一枚ずつ下げられることになる。幕下以降の行司は地位に変更はないが、事実上、一枚ずつ下げられている。当時は世情も安定せず、経済的にも不況だったので、行司を一旦離れて帰京したり他の仕事をしたりし、再び行司の戻ることもしばしばあった。黙ってドロンし、戻る人もいれば、自然に辞めていく人もいた。しかも、当時は「廃業願」（つまり退職願）も出さなかったそうだ。したがって、順位入れ替えの事例があっても、確かな証拠がないかぎり、どの理由で行司を離れ、また戻ってきたのか、必ずしもわからないことがある。

（1）　20.11　　序ノ口の木村一男が序二段の 4 人飛び越えて序二段に昇格する。
・兵役から復帰したようだ。

（2）　21.11　　木村筆助が三段目の二番手に復帰する。

（3）　21.11　　（久司改め）木村武之が三段目最下位に兵役から復帰する。

(4)　21.11　　木村時夫が序二段に復帰する。

(5)　22.6　　　木村正義が十両最下位に復帰する。

(6)　22.6　　　（鶴夫改め）式守貢市が三段目に復帰する。

(7)　22.6　　　木村一男が三段目に復帰する。

(8)　22.6　　　木村源之助が序二段に復帰する。

(9)　24.5　　　序ノ口の（義男改め）木村義雄が木村貢と木村共之の下
　　　　　　　　になる。つまり、木村義雄は 2 枚下がる。
　・　木村義雄は休場ばかりしていた。

B. 昭和 25 年から 30 年まで

　この期間の大きな特徴は義務教育終了や年齢差による順位入れ替えである。義務教育を受けながら行司を務めることができたが、義務教育を終了したものを優先するようになっている。修了者は年齢も上であるのが普通なので、在学中の者より順位が上になることになる。

(10) 25.1　　　十両筆頭の木村滝夫が幕内最下位の式守善吉を飛び越え
　　　　　　　　て、幕内に昇格する。つまり、木村滝夫、式守善吉の順になる。
　・　木村善吉は体調が悪く、土俵上には上がっていない。行司部屋で若手
　　　の指導者としていた。

(11) 26.5　　　立行司の木村玉之助が副立行司に格下げされる。三役筆
　　　　　　　　頭の木村庄三郎が副立行司の二番手になる。
　・　副立行司が新設された。これは昭和 34 年 11 月まで続いている。立
　　　行司の三番手（準立行司または准立行司）だった木村玉之助が副立行

司に格下げになり、また三役筆頭行司の木村三郎が副立行司に昇格した。副立行司は2人である。

(19) 26.9　副立行司二番手の木村庄三郎が副立行司一番手の木村玉之助を飛び越え、式守伊之助に昇格する。つまり、木村庄三郎と木村玉之助が入れ替わる。三役筆頭の木村正直が副立行司の二番手に昇格する。
・ 木村庄三郎が式守伊之助に昇格した。木村玉之助は副立行司のまま。三役行司の木村正直が副立行司に昇格した。

(20) 26.9　序ノ口の木村貢、木村共之、木村義雄、（式守改め）木村吉之助（4人）が序二段の（式守改め）木村春芳、木村玉吉、木村勇造（3人）の上になる。序ノ口の式守武司、木村昭彦、木村正昭（3人）はそのまま序ノ口である。
・ 義務教育終了と年齢を考慮。昭和23年に義務教育法が施行され、中学校を終了しなければ働けないことになった。行司、呼出し、床山等は当時の墨田区竪川中学校に入学し、卒業順に番付に載った。

(21) 27.5　三段目の木村源之助が（玉造改め）木村時夫の上になる。
・ 兵役から遅れて復帰した。

(22) 27.9　三段目の木村時夫が木村源之助の上になる。
・ もともと木村時夫が上だった。

(23) 27.9　序ノ口の木村昭彦が序二段の木村玉吉と木村勇造を飛び越えて、序二段に昇格している。木村武司は木村昭彦に飛び越されたが、序ノ口筆頭のまま。
・ 木村昭彦は中学校修了が2年早い。年も2歳上。

(24) 28.9　序二段の木村勇造が木村玉吉の上になる。翌場所（29.1）

もその順位のまま。
・ 中学校修了を考慮 (卒業順)。木村勇造が木村玉吉より学年が上だった。

(25) 28.9　　序ノ口に入門した木村富士夫が式守武司の上になり、序
　　　　　　ノ口筆頭となる。

(26) 28.9　　幕内の式守善吉が木村正信と木村朝之助の下になってい
　　　　　　る。
・ 木村善吉はこの頃土俵に上っていない。行司として籍はあった。

C.　　昭和 30 年から 34 年まで

　昭和 30 年前半にも義務教育終了者を優先したり、年齢差を考慮したり
している。差し違えの数によっては、もちろん、順位の入れ替えとなる。
見習、序ノ口、序二段は役割につかず、付け人専任が普通なので、真面目
に務めていたのであれば、昇降はほぼ黒星数が関係していたようである。

　◎　　「番付編成要領」（昭和 30 年 5 月）[4]

(27) 30.5　　十両の式守勘之助が式守清三郎の上になる。
・ 休場か黒星数の関係。年間休場したら、黒星として扱った。

(28) 30.9　　十両の式守清三郎が式守勘之助の上になる。
・ 黒星数の関係。5 月場所、黒星を取らかなったので、元に復帰した。

---

4)　行司の昇格と降格に関する詳細な内容については、拙著『大相撲行司の房色と
　賞罰』の第 6 章「行司と賞罰規定」や『大相撲行司の軍配房と土俵』の第 4 章「行
　司の黒房と青房」や第 5 章「行司の入れ替え」で紹介されている。その内容を繰
　り返すと煩雑になるので、あえて触れないことにした。時代によって昇格・降格
　の条件は異なっていて、ときには入れ替えが頻繁に行われていることもあるし、
　ときにはものすごく緩やかになっていることもある。

（29）30.9　　三段目最下位の木村正昭が序二段筆頭に格下げされる。
・黒星数の関係。

（30）31.1　　序二段筆頭の木村正昭が元の三段目最下位に戻る。
・黒星がなければ、元の位置に戻る

（31）31.1　　序ノ口の式守正夫が木村要之助の上になる。
・要之助が前場所、規定の黒星四つ以上を取ったため。[5)]

（32）31.3　　三段目最下位の木村正昭が序二段筆頭に格下げされる。

（33）31.3　　見習の木村弘が式守義明の上になる。

（34）31.5　　十両の木村利雄と木村玉治郎が幕内に昇格し、最下位の
　　　　　　　式守善吉の上になる。
・木村善吉は廃業した。善吉は土俵に上っていない。

（35）31.5　　序二段の木村正昭が三段目の下の位置に戻る。
・黒星数の関係。

（36）31.5　　序ノ口の木村保之助、式守靖英、式守正夫、木村郁也の4
　　　　　　　人が木村和隆、木村栄三、木村要之助の上になる。さらに、見習の木
　　　　　　　村光彦が序ノ口に昇格し、木村郁也と木村和隆とのあいだになる。
・義務教育終了や年齢差を考慮。卒業順に席次を変えたようだ。

（37）31.5　　見習の木村光彦が序ノ口に昇格したが、他の見倣い行司4

---

5)　木村要之助（のちの33代木村庄之助）は黒星の経験や黒星を取ったときの心境
　　などについて、共著『大相撲と歩んだ行司人生51年』（p.65-6）で語っている。

人の順位はそのまま。木村弘は木村弘行に、木村武は木村武夫にそれぞれ改名する。
- 義務教育終了や年齢差を考慮。木村弘行と木村武は在学中。

(38) 31.9　　序ノ口の式守正夫が式守靖英の上になる。
- 黒星数の関係。

(39) 31.9　　見習の木村清四郎が木村武夫の上になる。
- 黒星数の関係。

(40) 32.1　　序ノ口の式守靖英が式守正夫の上になる。
- 黒星数の関係。

(41) 32.1　　序ノ口の木村和隆が木村光彦の上になる。
- 黒星数の関係。

(42) 32.1　　見習の木村清四郎が木村武夫・式守勝治の上になる。
- 黒星数の関係。

(43) 32.5　　見習の式守義明が木村弘行の上になる。
- 黒星数の関係。

(44) 32.9　　見習の式守義明が木村弘行の上になる。
- 黒星数の関係。

(45) 32.11　　木村忠男が見習筆頭になる。

(46) 32.11　　見習の式守義明が木村弘行の上になる。

(47) 33.1　　三段目の式守文夫が木村正昭の上になる。

・黒星数の関係。

（48）33.3　　三段目の木村正昭が（文夫改め）式守正一郎の上になる。
・黒星数の関係。

（49）33.5　　序ノ口最下位の木村忠男が見習に格下げされ、筆頭式守
義明の下位になる。木村忠男は見習の二番手になる。
・木村忠男は成績が悪かった。

（50）33.5　　序ノ口の木村清四郎が式守勝治の上になる。
・黒星数か中学校卒業順の関係。

（51）33.7　　序ノ口の木村栄三が木村光彦の上になる。
・黒星数かドロン。

（52）33.7　　見習の木村忠男が再び序ノ口に上るが、木村弘行の下に
なる。
・黒星数かドロン。

（53）33.7　　序ノ口に木村真佐也と式守洋一が入門し、見習より上の
階級になる。
・年齢考慮。

（54）33.7　　見習の式守勝治が木村清四郎・木村武夫の上になる。

（55）33.9　　序ノ口の式守義明が見習筆頭に格下げされ、しかも序ノ
口4人より下位の順位になる。

（56）33.11　　見習の木村清四郎が式守勝治と木村武夫の上になる。

(57) 34.1　　序二段の木村郁也が式守正夫の上になる。

(58) 34.1　　序ノ口最下位の式守洋一が見習筆頭に格下げされる。

(59) 34.3　　見習筆頭の式守洋一が序ノ口最下位に戻る。

(60) 34.5　　見習筆頭の式守義明が序ノ口に戻る。

(61) 34.5　　見習の式守勝治・木村武夫が木村清四郎を飛び越え、序
ノ口になる。木村清四郎は 1 人で見習のまま。

(62) 34.7　　序ノ口の木村忠男と木村弘行が上になる。
・黒星数の関係。

(63) 34.7　　序ノ口の式守義明と式守洋一が上になる。
・黒星数の関係。

(64) 34.9　　序ノ口の式守洋一が式守義明の上になる。
・黒星数の関係。

(65) 34.9　　序ノ口に木村玉治、式守健一郎、木村政勝が入門したが、
見習の木村清四郎はそのままである。
・義務教育終了と年齢差考慮。

D.　昭和 35 年から 39 年まで

◎　　「行司賞罰規定」（昭和 35 年 1 月）

(66) 36.1　　　幕内の木村正信と木村幸之助が上になる。
・木村幸之助が病気で、休場が多かった。

◎　「行司賞罰規定改正」（昭和 38 年 1 月）
元の位置に復元できる。

(67) 38.1　　三段目の木村真佐仁が木村浩士の上になる。
・年齢は木村真佐仁が 2 歳上、しかし入門は浩士が 2 年ほど早い。それで、年齢調整かもしれない。はっきりしたことは不明。

(68) 38.1　　序二段の木村玉治が木村武夫の上になる。

(69) 38.1　　序ノ口の木村清四郎が木村正勝の上になる。

(70) 38.1　　序ノ口の木村順一が式守康秀と木村功の上になる。

(71) 39.1　　三段目の木村浩士が木村真佐仁の上になる。
・元の位置に戻したかもしれない。はっきりした要因は不明。

(72) 39.1　　序ノ口の木村征勝・木村清四郎・木村功（3 人）が木村順一を飛び越えて序二段に昇格する。木村順一は序ノ口のまま。

E.　昭和 40 年から昭和 50 年まで

◎　「行司賞罰規定」（昭和 46 年 12 月）
◎　「抜擢制の導入」（昭和 47 年 1 月）

(73) 49.1　　三役第三席の木村玉治郎が筆頭の木村正直と第二席の式守伊三郎を飛び越え、立行司・式守伊之助に昇格する。木村正直（筆頭）と式守伊三郎（第 2 席）は三役のまま。
・抜擢人事。

(74) 49.1　　幕内四番手の式守錦太夫が上位の 3 人を飛び越え、三役
の三番手に昇格する。
・抜擢人事。

(75) 49.1　　幕内の式守与太夫が木村筆之助の上になる。
・木村筆之助は体調不良だった。

(76) 49.1　　幕内の木村庄太郎が式守勘太夫の上になる。

(77) 49.1　　十両の二番手・式守錦之助が筆頭の木村源之助を飛び越
え、幕内最下位に昇格する。二人は順位の入れ替えだが、結果的に十
両と幕内では階級が異なる。
・木村源之助は病気（痛風）で、休場が多かった。アルコール依存症だっ
たらしい。

(78) 49.1　　幕下の木村孔一が木村忠雄の上になる。
・黒星数が関係。

(79) 49.1　　幕下の式守勝治が式守洋一の上になる。
・黒星数が関係。

(80) 50.3　　十両筆頭の木村源之助が四番手に下がり、木村善之輔・式
守愼之助・式守与之吉の 3 人が一枚ずつ上がる。
・木村源之助は病気で長期休場。

(81) 50.3　　十両の木村咸喬が木村正三郎の上になる。
・黒星数が関係。

(82) 50.3　　幕下の木村友一が木村光彦の上になる。
・黒星数が関係。

(83) 50.3　　　幕下の木村孔一が木村忠雄・式守勝治の上になる。
・黒星数が関係。

(84) 50.3　　　幕下の木村順一が式守洋一の上になる。
・式守洋一は巡業の先発書記でミスが多く、先発親方からクレームがつ
　き、番付を下げたようだ。

F.　昭和51年から昭和64年まで

(85) 51.3　　　十両の木村正三郎が木村咸喬の上になる。
・元の位置に戻る。

(86) 51.3　　　幕下の木村光彦が木村友一も上になる。
・元の位置に戻る。

(87) 52.11　　　序ノ口の式守春之が式守琴之助の上になる。

(88) 57.1　　　幕内の木村庄太郎が木村筆之助の上になる。
・木村筆之助は病気だった。

(89) 58.1　　　幕内の木村筆之助が最下位となる。その結果、上位の式
　守勘太夫から式守愼之助まで一枚ずつ順位が上がる。
・木村筆之助は体調を崩し、長期休場。

(90) 59.1　　　幕内最下位の木村筆之助が別格扱いとなり、欄外に記載
　される。
・木村筆之助は体調を崩し、長期休場。

(91) 60.1　　　幕内の二番手木村庄二郎が筆頭の式守勘太夫を飛び越え、

三役三番手に昇格する。式守勘太夫は筆頭のまま。

・庄太郎と庄二郎は春日野部屋で、年齢差（1 歳）を考慮。

G.　平成元年から現在まで

(92) H3.1　　木村庄二郎が三役筆頭の木村庄太郎を飛び越え、式守伊
之助に昇格した。順位の入れ替えだが、三役と立行司では階級が異な
る。

・同じ春日野部屋で、先に木村庄二郎が式守伊之助になったという。そ
うすれば、両者とも立行司になれる。

(93) H6.5　　三役二番手の式守錦太夫が三役筆頭の木村善之輔を飛び
越え、式守伊之助に昇格する。木村善之輔は筆頭のまま。

・三役行司を同時に考査した結果、式守錦太夫が式守伊之助になった。

(94) H24.11　三役二番手の木村庄三郎が三役筆頭の木村玉光を飛び越
え、式守伊之助に昇格する。木村玉光は筆頭のまま。

・　木村玉光は体調不良で、式守伊之助襲名を辞退している[6]。足が悪く長
く正座できなかった。平成 22 年 7 月、道路で転倒し、足の甲を骨折
している。

(95) H25.11　三役二番手の式守錦太夫が三役筆頭の木村玉光を飛び越
え、式守伊之助に昇格する。木村玉光は筆頭のまま。木村玉光は平成
27 年 1 月場所後に定年退職した。

・木村玉光が体調不良で、二度とも式守伊之助襲名を辞退している。平
成 23 年 7 月、当時の立行司（35 代、本名・木村順一）が病状を尋ね
たが、1 年経過しても痛みが取れないし、正座ができないことで玉光
が辞退している。正座ができないと、土俵祭に支障をきたす恐れがあ

---

6)　足をけがし、正座ができなくなると、土俵祭などの祭主ができない。

る。庄三郎に譲った時点で、立行司を襲名することは諦めていたようだ。

3.　今後の課題

　番付表で見られる入れ替えの事例を調べ、その要因が知りたくて元立行司に教えてもらったりしたが、やはり不明な事例がたくさんあった。そのような事例については、今後、徐々に埋め合わせするしか術がない。相撲の雑誌や本などを調べれば、いくらかは埋めることができるかもしれない。地位が低い行司の入れ替えの場合、退職願を出さずに辞めてしまうこともあり、特に 20 年代は経済的にも不安定な時代であったりし、入れ替えの要因がなかなか見つけられないことがあった。

　要因のわからない事例について、今後、調べていくしかない。腰を据えて調べれば、わかるものもあるはずだ。それに、これをきっかけに、なぜ行司は辞めていったのか、なぜ行司を希望する人が少ない時代があったのかなど、行司の人事に関することにも関心が向くことを期待している。

参考文献

　雑誌や新聞等は本文の中で詳しく記してあるので、ここでは省略する。

綾川五郎次、『一味清風』、学生相撲道場設立事務所、1914（大正 3 年）。

荒木精之、『相撲道と吉田司家』、相撲司会、1959（昭和 34 年）。

池田雅雄（編）、『写真図説相撲百年の歴史』、講談社、1970（昭和 45 年）。

池田雅雄、『相撲の歴史』、平凡社、1977（昭和 52 年）。

池田雅雄、『大相撲ものしり帖』、ベースボール・マガジン社、1990（平成 2 年）。

岩井左右馬、『相撲伝秘書』、1776（安永 5 年）。

岩井播磨掾久次・他（伝）、『相撲行司絵巻』、1631（寛永 8 年）。（天理大学善本叢書の一つ）。

岩手県立博物館（制作）、『四角い土俵とチカラビト』、岩手県立博物館、2006（平成 18 年）。

上島永二郎（編）、『相撲叢談四本柱』、至誠堂、1900（明治 33 年）。

上田元胤（編）、『相撲早わかり』、国技書院、1932（昭和 7 年）。

内館牧子、『女はなぜ土俵にあがれないのか』、幻冬舎、2006（平成 18 年）。

内館牧子、『大相撲の不思議』、潮出版、2018（平成 30 年）。

『江戸相撲錦絵』（『VANVAN 相撲界』新春号）、ベースボール・マガジン社、1986（昭和 61 年）1 月。

大西秀胤（編）、『相撲沿革史』、編集発行・松田貞吉、1895（明治 28 年）。

大ノ里萬助、『相撲の話』、誠文堂、1930（昭和 5 年）。

大橋新太郎（編）、『相撲と芝居』、博文館、1900（明治 33 年）。

岡敬孝（編著）、『古今相撲大要』、報行社、1885（明治 18 年）。

尾形昌夫、『二十八代木村庄之助の行司人生』、（株）荘内日報社、2011（平成 23 年）。

尾崎清風（編著）、『角力読本国技』、発行所・大日本角道振興会本部、1941（昭和 16 年）。

笠置山勝一、『相撲範典』、博文館内野球界、1942（昭和 17 年）。

加藤進、『相撲』、愛国新聞社出版部、1942（昭和 17 年）。

金指基、『相撲大事典』、現代書館、2002（平成 14 年）。

上司延貴、『相撲新書』、博文館、1899（明治 32 年）。

北川博愛、『相撲と武士道』、浅草国技館、1911（明治 44 年）。

木村喜平次、『相撲家伝鈔』、1714（正徳 4 年）。

木村庄之助（20 代、松翁）、『国技勧進相撲』、言霊書房、1942（昭和 17 年）。

木村庄之助（21 代）、『ハッケヨイ人生』、帝都日日新聞社、1966（昭和 41 年）。

木村庄之助（22 代）・前原太郎（呼出し）、『行司と呼出し』、ベースボール・マガジン社、1957（昭和 32 年）。本書では便宜的に、木村庄之助著『行司と呼出し』として表すこともある。

木村庄之助（27 代）、『ハッケヨイ残った』、東京新聞出版局、1994（平成 6 年）。

木村庄之助（29 代、桜井春芳）、『一以貫之』、高知新聞社、2002（平成 14 年）

木村庄之助（33 代）、『力士の世界』、文芸春秋、2007（平成 19 年）。

木村庄之助（34 代）、『大相撲の解剖図鑑』、エクスナレッジ、2016（平成 28 年）。

木村庄之助（36 代）、『大相撲　行司さんのちょっといい話』、双葉社、2014（平成 26 年）。

木村清九郎（編）、『今古実録相撲大全』、1885（明治 18 年）。木村政勝（編）、『古今相撲大全』〔宝

木村政勝、『古今相撲大全』、1763（宝暦 13 年）。

栗島狭衣、『相撲通』、実業之日本社、1913（大正 2 年）。

小泉葵南、『お相撲さん物語』、泰山書房、1917（大正 6 年）。

好華山人、『大相撲評判記』、大阪・川内屋長兵衛、1836（天保 7 年）。

「国技相撲のすべて」(別冊『相撲』秋季号)、ベースボール・マガジン社、1996（平成 8 年）。

埼玉県立博物館編『特別展図録「相撲」』、埼玉県立博物館、1994（平成 6 年）。

堺市博物館（制作）、『相撲の歴史—堺・相撲展記念図録—』、堺・相撲展実行委員会、1998（平成 10 年）3 月。

酒井忠正、『相撲随筆』、ベースボール・マガジン社、1995（平成 7 年）。1953（昭和 28 年）版の復刻版。

酒井忠正、『日本相撲史』（上・中）、ベースボール・マガジン社、1956（昭和 31 年）／1964（昭和 39 年）。

塩入太輔（編）、『相撲秘鑑』、厳々堂、1886（明治 19 年）。

式守伊之助（19 代、高橋金太郎）、『軍配六十年』、1961（昭和 36 年）。

式守伊之助（26 代、茶原宗一）、『情けの街の触れ太鼓』、二見書房、1993（平成 5 年）。

式守蝸牛、『相撲穏雲解』、1793（寛政 5 年）。

式守幸太夫、『相撲金剛伝』（別名『本朝角力之起原』）、1853（嘉永 6 年）。

杉浦善三、『相撲鑑』、昇進堂、1911（明治 44 年）。

鈴木要吾、『相撲史観』、人文閣、1943（昭和 18 年）。

『相撲浮世絵』（別冊相撲夏季号）、ベースボール・マガジン社、1981（昭和 56 年）6 月。

『相撲極伝之書』（南部相撲資料の一つ。他に『相撲故実伝記』、『相撲答問詳解抄』などもある）。

『すもう今昔』、茨城県立歴史館、2007（平成 19 年）2 月。

『相撲』編集部、『大相撲人物大事典』、ベースボール・マガジン社、2001（平成 13 年）。

『相撲』編集部、『知れば知るほど行司・呼出し・床山』、ベースボール・マガジン社、2019（平成 31 年）。

『図録「日本相撲史」総覧』（別冊歴史読本）、新人物往来社、1992（平成 4 年）。

相馬基・伊藤啓二、『相撲入門』、川津書店、1950（昭和 25 年）。

大日本相撲協会（編）、『国技相撲』、大日本相撲協会、1939（昭和 14 年）。

竹森章（編）、【相撲の史跡】、相撲史跡研究会、1973（昭和 48 年）～ 1993（平成 5 年）。

竹森章、『京都・滋賀の相撲』、発行者・竹森章、1996（平成 8 年）。

立川焉馬（撰）、『角觝詳説活金剛伝』（写本）、1828（文政 11 年）。

立川焉馬（序文）・歌川国貞画、『相撲櫓太鼓』、1844（天保 15 年）。

立川焉馬（作）、『当世相撲金剛伝』、1844（天保 15 年）。

橘右橘、『図説　江戸文字入門』、河出書房新社、2007（平成 19 年）。

田中四郎左衛門（編）、『相撲講話』、日本青年教育會、1919（大正 8 年）。

土屋喜敬、『相撲』、法政大学出版局、2017 年（平成 29 年）。

出羽海谷右衛門（述）、『最近相撲図解』、岡崎屋書店、1918（大正 7 年）。

出羽海秀光、『私の相撲自伝』、ベースボール・マガジン社、1954（昭和 29 年）。

東京角道会（編）、『相撲の話』、黒燿社、1925（大正 14 年）。

『どすこい―出雲と相撲』、島根県立古代出雲歴史博物館、2009（平成 21 年）。

戸谷太一（編）、『大相撲』、学習研究社、1977（昭和 52 年）。（本書では「学研（発行）」
　　として表す）

中秀夫、『武州の力士』、埼玉新聞社、昭和 51 年。

中村倭夫、『信濃力士伝』（昭和前篇）、甲陽書房、1988（昭和 63 年）。

成島峰雄、『すまゐご覧の記』、1791（寛政 3 年）。

鳴戸政治、『大正時代の大相撲』、国民体力協会、1940（昭和 15 年）。

南部相撲資料（『相撲極伝之書』、『相撲故実伝記』、『相撲答問詳解抄』など。他に相撲
　　の古文書が数点ある）。

日本相撲協会制作、『相撲の伝統と美：「行司・呼出し」と「土俵祭」』（ビデオ）、1994（平
　　成 6 年）。

根間弘海、『ここまで知って大相撲通』、グラフ社、1998（平成 10 年）。

根間弘海著・岩淵デボラ訳、『Q & A 型式で相撲を知る SUMO キークエスチョン
　　258』、洋販出版、1998（平成 10 年）。

根間弘海、『大相撲と歩んだ行司人生 51 年』、33 代木村庄之助と共著、英宝社、2006（平
　　成 18）。

根間弘海、『大相撲行司の伝統と変化』、専修大学出版局、2010（平成 22 年）。

根間弘海、『大相撲行司の世界』、吉川弘文館、2011（平成 23 年）。

根間弘海、『大相撲行司の軍配房と土俵』、専修大学出版局、2012（平成 23 年）。

根間弘海、『大相撲の歴史に見る秘話とその検証』、専修大学出版局、2013（平成 25 年）。

根間弘海、『大相撲行司の房色と賞罰』、専修大学出版局、2016（平成 28 年）。

根間弘海、『大相撲行司の軍配と空位』、専修大学出版局、2017（平成 29 年）。

根間弘海、『大相撲立行司の名跡と総紫房』、2018（平成 30 年）。

根間弘海、『詳しくなる大相撲』、専修大学出版局、2020（令和 2 年）。

根間弘海、『大相撲行司の松翁と四本柱の四色』、専修大学出版局、2020（令和 2 年）。

根間弘海、『大相撲の神々と昭和前半の三役行司』、専修大学出版局、2021（令和 3 年）。

半渓散史（別名・岡本敬之助）、『相撲宝鑑』、魁真書桜、1894（明治 27 年）。

肥後相撲協会（編）、『本朝相撲之吉田司家』、1913（大正 2 年）。

彦山光三、『土俵場規範』、生活社、1938（昭和 13 年）。

彦山光三、『相撲鑑賞読本』、生活社、1938（昭和 13 年）。

彦山光三、『相撲読本』、河出書房、1952（昭和 27 年）。

彦山光三、『相撲道綜鑑』、日本図書センター、1977（昭和 52 年）。

常陸山谷右衛門、『相撲大鑑』、常陸山会、1914（大正 3 年）。

ビックフォード、ローレンス、『相撲と浮世絵の世界』、講談社インターナショナル、
    1994（平成 6 年）。英語の書名は SUMO and the Woodblock Print Master（by
    Lawrence Bickford）である。

秀ノ山勝一、『相撲』、旺文社、1961（昭和 36 年）、1950（昭和 25 年）の改定版）。

平井直房、「土俵祭」『悠久（特集「神の相撲」）』第 78 号、鶴岡八幡宮悠久事務局、お
    うふう、1999（平成 11 年）9 月。

藤島秀光、『力士時代の思い出』、国民体力協会、1941（昭和 16 年）。

藤島秀光、『近代力士生活物語』、国民体力協会、1941（昭和 16 年）。

古河三樹、『江戸時代の大相撲』、国民体力大会、1942（昭和 17 年）。

古河三樹、『江戸時代大相撲』、雄山閣、1968（昭和 43 年）。

枡岡智・花坂吉兵衛、『相撲講本』（復刻版）、誠信出版社、1978（昭和 53 年）／オリ
    ジナル版は 1935（昭和 10 年）。

増田秀光（編）、『神道の本』、学習研究所発行、1992（平成 4 年）。

松木平吉（編）、『角觝秘事解』、松壽堂、1884（明治 17 年）。

松木平吉（編）、『角觝金剛伝』、大黒屋、1885（明治 18）。原稿者・桧垣藤兵衛とある。

三木愛花、『相撲史伝』、発行人・伊藤忠治、発売元・曙光社、1901（明治 34 年）／『増
    補訂正日本角力史』、吉川弘文館、1909（明治 42 年）。

三木愛花、『江戸時代之角力、近世日本文化史研究会、1928（昭和 3 年）。

三木貞一・山田伊之助（編）、『相撲大観』、博文館、1902（明治 35 年）。

源淳子（編著）、『女人禁制 Q&A』、解放出版社、2005（平成 17 年）。

源淳子（編著）、『いつまで続く「女人禁制」』、解放出版社、2020（令和 2 年）。

武蔵川喜偉、『武蔵川回顧録』、ベースボール・マガジン社、1974（昭和 49 年）。

山口県立萩美術館・浦上記念館（編）、『相撲絵展』、1998（平成 10 年）。

山田伊之助（編）、『相撲大全』、服部書店、1901（明治 34 年）。

山田義則、『華麗なる脇役』、文芸社、2011（平成 23 年）。

鎗田徳之助、『日本相撲傳』、大黒屋畫舗、1902（明治 35 年）。

『悠久（特集「神の相撲」）』第七八号、鶴岡八幡宮悠久事務局、おうふう、1999（平成 11 年）
    9 月号。

吉田追風（編）、『ちから草』、吉田司家、1967（昭和 42 年）。

吉田長孝、『原点に還れ』、熊本出版文化会館、2010（平成 22 年）。

吉野裕子、『陰陽五行と日本の民俗』、人文書院、1983（昭和 58 年）。

吉村楯二（編）、『相撲全書』、不朽社、1899（明治 32 年）。

あとがき

　私が行司の研究を始めたころ、テーマで早晩行き詰まるにちがいないとよく言われた。領域が狭く見えるからだ。しかし、研究を重ねていくと、土俵やその周辺の飾り物、背景となる宗教なども視野に入り、領域は広々としている。そういうことで、今でも研究してみたいテーマがたくさんある。

　では、具体的にはどういったことがテーマになりうるか、この際、考えてみることにしよう。もし、あなたが次に示すテーマのどれか一つにでも関心があり、それを真面目に取り組んでいけば、テーマは次から次へと浮かんでくるに違いない。どのテーマも関連があるからである。さらに、もっと視野を広げて、力士関係、相撲史、相撲文化、相撲の神事性などを深く研究してみたくなるかもしれない。どの領域も広く、奥が深いので、興味が尽きることはない。

（1）　行司は土俵で、なぜ現代離れした衣装を身に着けているのか。何か意味があるのか。いつ頃からその装束を着用しているのか。昔から装束の変化はなかったのか。行司は誰も同じ衣装を身に着けているのか。階級によって異なるのであれば、どこがどのように異なるのか。頭に被る侍烏帽子は昔から変わっていないのか。

（2）　行司はなぜ軍配団扇を持っているのか。いつ頃から、軍配を持つようになったのか。軍配の形は昔から同じなのか。それとも何度か変化してきたのか。形だけでなく、材質はどうなっているのか。形や材質は行司がそれぞれ自由に決めることができたのか。規則によって決まっていたのか。現在、行司は卵形の軍配を使用しているが、いつからそうなったのか。瓢箪形の軍配はもう使用されていないのか。

(3)　軍配房の色は階級によってどのように変わっているのか。房色と階級は昔から現在と変わらないのか。それとも変化しているのか。変化しているとすれば、どのように変化しているのか。なぜ変化したのか。房色は以前一斉に決まり、それがそのまま継続しているのか。それとも断続的に決まったのか。同じ房色は常に同じ階級と一致していたのか。それとも同じ階級でも房色が違ったりしていたのか。たとえば、幕下以下行司の黒房と青房は地位によって使い分けされていたのか。立行司第三席の「准立行司」（あるいは副立行司）は第二席の伊之助と同じ房色だったのか。

(4)　朱房行司は現在、三役だが、それはずっと同じだろうか。三役行司は常に草履を履き、帯刀していたのか。昭和 2 年春場所から昭和 34 年 11 月まで三役行司は草履を履いていないが、それ以前の三役行司は常に草履を履いていたのか。それとも履かないこともあったのか。草履を履かない朱房（本足袋朱房行司）と紅白房（本足袋紅白房行司）は両方とも「幕内行司」だったことがあるが、そういう区別はいつまで続いたのか。なぜ三役行司は草履を許されたり、許されなかったりしたのか。そもそも行司はいつから草履を履くようになったのか。

(5)　大正末期の三役行司は草履を履いていたのか。本書では、式守錦太夫（のちの与太夫）は大正 15 年夏場所、三役に昇進し、草履を履いていたとしているが、それは正しいか。番付以外に、説得力のある根拠はないだろうか。また、21 代庄之助自伝『ハッケヨイ人生』と 19 代伊之助自伝『軍配六十年』では二人とも大正末期、三役になったと語っているが、それは本当だろうか。その三役は同じ意味で使っているのか。二人が三役になっていたとしたら、草履を履いていたのか。それとも足袋だけだったのか。大正末期には草履を履かない三役行司もいたのか。

(6)　木村庄之助は現在、総紫房であり、式守伊之助は紫白房である。そ

のように決まったのはいつか。そう決まる前も二人の立行司は別々の房色だったのか。明治時代の式守伊之助は朱房を使用していたこともある。いつ伊之助は紫白房を使用するようになったのか。明治43年以前の立行司・木村庄之助は襲名と同時に「紫房」を使用したのか。第三席の「准立行司」と第二席の伊之助は「紫白」となっていたが、それはまったく同じ房色だったのか。それとも微妙に異なっていたのか。異なっていたとすれば、どのように異なっていたのか。

(7)　行司の足元は素足、足袋、草履となっている。その使い分けは階級によって分かれるが、いつごろ、そのような使い分けは現れたのか。それは同時に決まったのか。それとも別々に現れたのか。たとえば、足袋行司と草履行司は同時に決まったのか。別々の時期に現われたなら、どちらが先に現われたのか。木村庄之助と式守伊之助は最初から同時に草履を許されたのか。それとも木村庄之助が最初に許されたのか。それはいつだったのか。

(8)　行司は土俵上だけの仕事だけでなく、他にもたくさん仕事をしている。行司は一体どんな仕事をしているのか。それは相撲規則に明確に規定されているのか。その規則を読めば、行司の仕事の内容はわかるようになっているのか。規則に規定されていないとしたら、どこに明記されているのか。そもそも仕事の内容を記した文書は存在するのか。誰が各行司の仕事の役割を決めているのか。

(9)　本場所初日の前日に土俵祭が執り行われる。行司はその祭とどういう関係にあるのか。現在、土俵祭には行司全員出席しているが、それは昔も今も変わりなかったのか。もし変わっていたとすれば、いつ頃変わったのか。土俵祭に出席する相撲関係者はどんな人たちか。なぜ祭主は神道の装束なのか。なぜ土俵祭は神道に基づいているのか。土俵祭にお招きする神様は昔から同じなのか。異なっていたとすれば、どんな神々だったのか。いつごろ、現在の神様になったのか。なぜ変

わったのか。

(10) 女性は土俵祭を行った後の土俵には上れない。すなわち、土俵は女人禁制である。それはなぜなのか。土俵祭は基本的に神道に基づいているが、神道は女性を神聖な場所から排除しているのか。女人禁制と仏教とは関係があるのか。協会や行司は意識的に女性を排除しているのか。それとも、女性を土俵から排除することと土俵祭で土俵を神聖化することとは、まったく別物なのか。相撲は昔から伝統的に女性を土俵から排除していただけで、特に一定の宗教観からそのようにしていたわけではないと言われることがある。それをどう理解すればよいのか。

(11) 行司は土俵の北側に控える。それは昔から決まっていたのか。それとも、控える方位にも変化があったのか。貴賓席はなぜ北の方位となっているのか。行司の控えが変わったのは、それと関係があるのか。貴賓席が北になったり、行司の控えが南になったりしたとき、東・西・南・北の四方位も同時に変わったのか。それとも変わらなかったのか。方位が変わることにより、四本柱の四色の配置も変わったのか。

(12) 土俵には屋根の四隅から色の違った房が垂れ下がっている。この四つの房は、以前の四本柱の名残である。昔は土俵の上の屋根を四本柱で支えていた。この四本柱の色は昔から四色ではなかった。四色の前には、紅白色や赤色の四本柱だった。なぜ四本柱は一色だったり、二色だったり、四色だったりしたのか。四本柱の色に何か特別の意味があったのか。いつ頃から四色に変わったのか。なぜ変わったのか。四本柱の色には宗教が反映しているのか。

(13) 土俵の形状と宗教との関連で、式守蝸牛撰『相撲穏雲解』に「（土俵の：本書補足）入り口は陰陽和順の理なり。外の角を儒道、内の丸を仏道、中の幣束を神道、これ神儒仏の三つなり。」とある。土俵には三つの

宗教がかかわっていることを表しているが、これと土俵祭で招く相撲
の神々とはどういう関係にあるのか。陰陽道や五行説などは土俵にど
のような形で反映されているのか。土俵と宗教が密接な関係にあると
しても、それに関わる宗教は常に一定だったのか。それともときおり
変わっていたのか。土俵は、『相撲穏雲解』で述べているように、神
儒仏を本当に反映しているのか。土俵構築に神儒仏以外の宗教はかか
わっていないのか。たとえば、修験道はどうなのか。

（14）吉田司家は行司だけでなく、相撲全般に大きな地位を占めていたこ
とがある。いつから行司の司家となり、相撲を支配するようになった
のか。江戸相撲を傘下に収める以前、吉田司家はどういう行司の家だっ
たのか。「吉田司家の先祖書き」は家柄について述べているが、それ
は本当なのか。吉田司家はもともと相撲の故実を保持する相撲の家元
だったのか。南部相撲の故実と吉田司家の故実は同じだったのか。そ
れとも異なっていたのか。異なっていたとすれば、どこがどのように
異なっていたのか。

　行司の世界は力士の世界より華々しくないが、その奥は同じように深く、
広々としている。その世界にいったん足を踏み入れれば、それに魅了され
るはずだ。一つのテーマに集中する探求心があり、それを持続する忍耐心
があれば、あとは関連する資料を活用し、独自の視点で追究するだけであ
る。
　私はこれまで、たとえば、行司衣装や軍配の歴史について、深く立ち入
ることがなかった。このテーマに関しても関心はあったが、掘り下げて研
究することにはためらいがあった。行司装束の場合、衣装に関する基礎知
識がなかったからである。生地の種類、織物の種類、服装の歴史、色の種
類などは、調べればある程度理解できるかもしれないが、それを調べよう
とする意欲が湧き出てこなかった。軍配の歴史に関しては、たとえば池田
雅雄著『大相撲ものしり帖』（1991）の「軍配のルーツ」などを手掛かり
にし、深く調べてみようと思い、関連ある古い資料を探し求めたこともあ

る。しかし、古い資料は読みづらい毛筆で書かれており、私の能力では無理だとすぐわかり、頓挫してしまった。

　行司は相撲の世界では脇役なので、研究を始めてもすぐテーマに行き詰まると思われがちだが、実はそうではない。いったん扉を開ければ、奥行きはものすごく深い。しかも、広々としている。たとえば、相撲が神聖であることは、宗教と密接に関係している。端的には、それは土俵祭、土俵の形状やその周辺の飾り物などに現われている。それを一つ一つ調べていけば、自分の知識が増すごとに、切り込みも深くなっていく。神道、陰陽道、五行説、仏教、修験道などが相撲の背景にあるとすれば、それぞれの宗教も深く知りたくなる。その宗教を勉強するだけでも、大変なことである。しかし、相撲が神事であるなら、その背景となる宗教を知る必要がある。

　私は行司の研究を始めたころ、背景となる宗教についてそれほど関心を持っていなかった。ところが、土俵祭や御幣や四本柱の四色などを調べているうちに、その背後に宗教が深くかかわっていることがわかった。どの宗教がどのようにかかわっているのかは、目に見えるものあれば、そうでないものもある。たとえば、女性は土俵から排除されていることを事実として述べるだけであれば、簡単に片づけてしまうこともできる。しかし、なぜそうなったのかを掘り下げて追及するとなると、宗教とかかわりがあったことに突き当たる。宗教をよく理解しないと、薄っぺらな論考になる恐れがある。そうならないためには、やはり宗教をよく勉強しなければならない。そう思っているうちに、月日は流れてしまった。

　行司関連のテーマを研究していても、もちろん、相撲に関する他のテーマも研究できる。私も主として横綱関連のテーマに関心持ち、資料などを収集し、読んでいる。たとえば、横綱土俵入りの雲龍型と不知火型が定着するまでの経緯はどうなっているのか、外国出身横綱の活躍は伝統的な大相撲にどういう影響を与えるのか、そもそも横綱とは何なのかなど、今でも深く研究してみたい。

　私が行司の世界に大きな関心を払い続けているのは、その世界に未解明なことが多すぎると思っているからである。それを少しでも解明したいのである。ところが、研究を進めていると、もっと深く調べてみたいことが

連鎖反応的に出てくる。いずれ、行司の世界を離れ、他の世界を訪れる機会があるかもしれない。私自身の場合、その実現性はどうなのかと問われると、年齢的にその機会はないと答えたほうが正直なところである。

拙著と拙稿

　拙稿の中には拙著に組み入れたものも少なくない。これらの拙著や拙稿は公的機関を通せば、比較的簡単に容易に入手できる。

【拙著】

(1)　1998、『ここまで知って大相撲通』、グラフ社、237 頁。

(2)　1998、『Q&A 形式で相撲を知る SUMO キークエスチョン 258』（岩淵デボラ訳）、洋販出版、205 頁。

(3)　2006、『大相撲と歩んだ行司人生 51 年』、33 代木村庄之助と共著、英宝社、179 頁。

(4)　2010、『大相撲行司の伝統と変化』、専修大学出版局、368 頁。

(5)　2011、『大相撲行司の世界』、吉川弘文館、193 頁。

(6)　2012、『大相撲行司の軍配房と土俵』、専修大学出版局、300 頁。

(7)　2013、『大相撲の歴史に見る秘話とその検証』、専修大学出版局、283 頁。

(8)　2016、『大相撲行司の房色と賞罰』、専修大学出版局、193 頁。

(9)　2017、『大相撲立行司の軍配と空位』、専修大学出版局、243 頁。

(10) 2018、『大相撲立行司の名跡と総紫房』、専修大学出版局、220 頁。

(11) 2020、『詳しくなる大相撲』、専修大学出版局、312 頁。

(12) 2020、『大相撲行司の松翁と四本柱の四色』、専修大学出版局、194 頁。

(13) 2021、『大相撲行司の神々と昭和前半の三役行司』、専修大学出版局、216 頁。

(14) 近刊予定、*Japanese Sumo: Q & A*（仮の書名、英文）、Doreen Simmons と共著、約 350 頁。

【拙稿】

(1)　2003、「相撲の軍配」『専修大学人文科学年報』第 33 号、pp.91-123。

(2)　2003、「行司の作法」『専修人文論集』第 73 号、pp.281-310。

(3)　2003、「行司の触れごと」『専修大学人文科学研究所月報』第 207 号、pp.18-41。

(4)　2004、「土俵祭の作法」『専修人文論集』第 74 号、pp.115-41。

(5)　2004、「行司の改姓」『専修大学人文科学研究所月報』第 211 号、pp.9-35。

(6)　2004、「土俵祭の祝詞と神々」『専修人文論集』第 75 号、pp.149-77。

(7)　2005、「由緒ある行司名」『専修人文論集』第 76 号、pp.67-96。

(8)　2005、「土俵入りの太刀持ちと行司」『専修経営学論集』第 80 号、pp.169-203。

(9)　2005、「行司の改名」『専修大学人文科学研究所月報』第 218 号、pp.39-63。

(10) 2005、「軍配の握り方を巡って（上)」『相撲趣味』第 146 号、pp.42-53。

(11) 2005、「軍配の握り方を巡って（中)」『相撲趣味』第 147 号、pp.13-21。

(12) 2005、「軍配房の長さ」『専修人文論集』第 77 号、pp.269-96。

(13) 2005、「軍配房の色」『専修経営学論集』第 81 号、pp.149-79。

(14) 2005、「四本柱の色」『専修経営学論集』第 81 号、pp.103-47。

(15) 2005、「軍配の握り方を巡って（下）」『相撲趣味』第 148 号、pp.32-51。

(16) 2006、「南部相撲の四角土俵と丸土俵」『専修経営学論集』第 82 号、pp.131-62。

(17) 2006、「軍配の型」『専修経営学論集』第 82 号、pp.163-201。

(18) 2006、「譲り団扇」『専修大学人文科学研究所月報』第 233 号、pp.39-65。

(19) 2006、「天正 8 年の相撲由来記」『相撲趣味』第 149 号、pp.14-33。

(20) 2006、「土俵の構築」『専修人文論集』第 79 号、pp.29-54。

(21) 2006、「土俵の揚巻」『専修経営学論集』第 83 号、pp.245-76。

(22) 2007、「幕下格以下行司の階級色」『専修経営学論集』第 84 号、pp.219-40。

(23) 2007、「行司と草履」『専修経営学論集』第 84 号、pp.185-218。

(24) 2007、「謎の絵は南部相撲ではない」『専修人文論集』第 80 号、pp.1-30。

(25) 2007、「立行司の階級色」『専修人文論集』第 81 号、pp.67-97。

(26) 2007、「座布団投げ」『専修経営学論集』第 85 号、pp.79-106。

(27) 2007、「緋房と草履」『専修経営学論集』第 85 号、pp.43-78。

(28) 2008、「行司の黒星と規定」『専修人文論集』第 82 号、pp.155-80。

(29) 2008、「土俵の屋根」『専修経営学論集』第 86 号、pp.89-130。

(30) 2008、「明治 43 年 5 月以降の紫と紫白」『専修人文論集』第 83 号、pp.259-96。

(31) 2008、「明治 43 年以前の紫房は紫白だった」『専修経営学論集』第 87 号、pp.77-126。

(32) 2009、「昭和初期の番付と行司」『専修経営学論集』第 88 号、pp.123-57。

(33) 2009、「行司の帯刀」『専修人文論集』第 84 号、pp.283-313。

(34) 2009、「番付の行司」『専修大学人文科学年報』第 39 号、pp.137-62。

(35) 2009、「帯刀は切腹覚悟のシンボルではない」『専修人文論集』第 85 号、pp.117-51。

(36) 2009、「明治 30 年以降の番付と房の色」『専修経営学論集』第 89 号、pp.51-106。

(37) 2010、「大正時代の番付と房の色」『専修経営学論集』第 90 号、pp.207-58。

(38) 2010、「明治の立行司の席順」『専修経営学論集』第 92 号、pp.31-51。

(39) 2010、「改名した行司に聞く」『専修大学人文科学年報』第 40 号、pp.181-211。

(40) 2010、「立行司も明治 11 年には帯刀しなかった」『専修人文論集』第 87 号、pp.99-234。

(41) 2010、「草履の朱房行司と無草履の朱房行司」『専修経営学論集』第 91 号、pp.23-51。

(42) 2010、「上覧相撲の横綱土俵入りと行司の着用具」『専修経営学論集』第 91 号、pp.53-69。

(43) 2011、「天覧相撲と土俵入り」『専修人文論集』第 88 号、pp.229-64。

(44) 2011、「明治時代の四本柱の四色」『専修大学人文科学年報』第 41 号、pp.143-73。

(45) 2011、「行司の木村姓と式守姓の名乗り」『専修人文論集』第 89 号、pp.131-58。

(46) 2011、「現役行司の入門アンケート調査」『専修経営学論集』第 91 号、pp.1-28。

(47) 2012、「土俵三周の太鼓と触れ太鼓」『専修人文論集』第 90 号、pp.377-408。

(48) 2012、「明治と大正時代の立行司とその昇格年月」『専修大学人文科学年報』第 42 号、pp.123-52。

(49) 2012、「大正期の立行司を巡って」『専修経営学論集』第 94 号、pp.31-51。

(50) 2012、「大正末期の三名の朱房行司」『専修人文論集』第 91 号、pp.143-74。

(51) 2013、「江戸時代の行司の紫房と草履」『専修大学人文科学年報』第 43 号、pp.171-91。

(52) 2013、「足袋行司の出現と定着」『専修人文論集』第 92 号、pp.165-96。

(53) 2013、「十両以上の行司の軍配」『専修経営学論集』第 96 号、pp.49-69。

(54) 2015、「軍配左端支えと軍配房振り」『専修人文論集』第 97 号、pp.510-32。

(55) 2016、「紫房の異種」『専修人文論集』第 99 号、pp.479-515。

(56) 2017、「総紫房の出現」『専修人文論集』第 101 号、pp.201-24。

(57) 2018、「地位としての草履の出現」『専修人文論集』第 103 号、pp.301-22。

(58) 2019、「地位としての足袋の出現」『専修人文論集』第 104 号、pp.195-214。

(59) 2019、「大相撲の松翁」『専修人文論集』第 105 号、pp.334-63。

(60) 2020、「赤色の四本柱と土俵の四方位」『専修人文論集』第 108 号、pp.139-63。

(61) 2021、「大相撲立行司の紫房再訪」『専修人文論集』第 109 号、pp.417-43。

(62) 2022、「大相撲朱房行司の変遷」『専修人文論集』（予定）。

索　引

根間弘海（ねま　ひろみ）

　昭和18年生まれ。専修大学名誉教授。専門は英語音声学・音韻論・英語教授法。趣味は相撲（特に行司）とユダヤ教の研究。英語テキストと相撲に関する著書は共著を含め、本書で96冊目となる。

　(a) 相撲では『ここまで知って大相撲通』（グラフ社）、『SUMO キークエスチョン258』（岩淵デボラ英訳、洋販出版）、『大相撲と歩んだ行司人生51年』（33代木村庄之助共著、英宝社）、『大相撲行司の世界』（吉川弘文館）、『大相撲行司の伝統と変化』、『大相撲行司の軍配房と土俵』、『大相撲の歴史に見る秘話とその検証』、『大相撲行司の房色と賞罰』、『大相撲立行司の軍配と空位』、『大相撲立行司の名跡と総紫房』、『詳しくなる大相撲』、『大相撲行司の松翁と四本柱の四色』、『大相撲の神々と昭和前半の三役行司』（専修大学出版局）がある。

　(b) 英語では『英語の発音演習』（大修館）、『英語の発音とリズム』（開拓社）、『英語のリズムと発音の理論』（英宝社）、『英語はリズムだ！』、『リズムに乗せれば英語は話せる』（ブレーブン・スマイリー共著、創元社）、『こうすれば通じる英語の発音』（ブレーブン・スマイリー共著、ジャパンタイムズ）、『最新米語会話教本（上級編）』（クリス・カタルド共著、日本英語教育協会）などがある。

大相撲の行司と階級色

2022年4月26日　第1版第1刷

著　者　　根間　弘海

発行者　　上原　伸二

発行所　　専修大学出版局

　　　　　〒101-0051　東京都千代田区神田神保町3-10-3

　　　　　株式会社専大センチュリー内　電話03-3263-4230

印　刷　　モリモト印刷株式会社
製　本

ISBN978-4-88125-369-4

◎専修大学出版局の本◎

詳しくなる大相撲	根間弘海	3,080 円
大相撲の神々と昭和前半の三役行司	根間弘海	3,080 円
大相撲行司の松翁と四本柱の四色	根間弘海	2,970 円
大相撲立行司の名跡と総紫房	根間弘海	2,860 円
大相撲立行司の軍配と空位	根間弘海	2,860 円
大相撲行司の房色と賞罰	根間弘海	2,860 円
大相撲の歴史に見る秘話とその検証	根間弘海	品 切
大相撲行司の軍配房と土俵	根間弘海	3,520 円
大相撲行司の伝統と変化	根間弘海	3,960 円

※価格は税込価格（10%）